U0128605

世界简史

人类文明的演进历程

A BRIEF HISTORY OF WORLD

THE EVOLUTION OF HUMAN CIVILIZATION

中国历史研究院　主编
张顺洪　郭子林　甄小东　撰稿

中国社会科学出版社

图书在版编目（CIP）数据

世界简史：人类文明的演进历程 / 中国历史研究院主编；张顺洪，郭子林，甄小东撰稿 . -- 北京：中国社会科学出版社，2022. 10（2023.6 重印）

ISBN 978 – 7 – 5203 – 8486 – 5

Ⅰ . ①世… Ⅱ . ①中… ②张… ③郭… ④甄… Ⅲ . ①世界史—普及读物 Ⅳ . ① K109

中国版本图书馆 CIP 数据核字（2021）第 087507 号

出 版 人　赵剑英
项目统筹　王　茵
责任编辑　王　茵　范晨星　刘志兵　安　芳
责任校对　王佳玉
责任印制　王　超

出　　版　中国社会科学出版社
社　　址　北京鼓楼西大街甲 158 号
邮　　编　100720
网　　址　http：//www. csspw. cn
发 行 部　010 – 84083685
门 市 部　010 – 84029450
经　　销　新华书店及其他书店

印刷装订　北京君升印刷有限公司
版　　次　2022 年 10 月第 1 版
印　　次　2023 年 6 月第 2 次印刷

开　　本　710 × 1000　1/16
印　　张　18.75
字　　数　209 千字
定　　价　89. 00 元

凡购买中国社会科学出版社图书，如有质量问题请与本社营销中心联系调换
电话：010 – 84083683
版权所有　侵权必究

序言

PREFACE

在几百万年波澜壮阔的历史长河中，世界上各个地区的人们经历了从野蛮到文明、从相对孤立到紧密联系、从缓慢发展到快速进步的伟大变革，创造了姹紫嫣红的文明和五彩斑斓的世界，推动文明社会向着人类命运共同体和共同繁荣发展不断迈进。

习近平总书记指出："历史是一个民族、一个国家形成、发展及其盛衰兴亡的真实记录，是前人的'百科全书'，即前人各种知识、经验和智慧的总汇。""历史是最好的老师，它忠实记录下每一个国家走过的足迹，也给每一个国家未来的发展提供启示。""历史是从昨天走到今天再走向明天，历史的联系是不可能割断的，人们总是在继承前人的基础上向前发展的。古今中外，概莫能外。"在新时代，面对当今世界百年未有之大变局，面对中华民族伟大复兴的战略全局，我们只有从人类社会历史中汲取更多智慧和滋养，才能弄懂今天的世界为什么是这样，才能搞清楚明天的世界往哪里去，才能把握当下中国和世界应该行进在什么样的发展道路上。

2019年1月2日，习近平总书记为中国社会科学院中国历史研究院的成立发来贺信，指出："历史是一面镜子，鉴古知今，学史明智。重视历史、研究历史、借鉴历史是中华民族5000多年文明史的一个优良传统。"习近平总书记殷切希望中国历史研究院团结凝聚全国广大历史研究工作者，坚持历史唯物主义立场、观点、方法，立足中国、放眼世界，立时代之潮头，通古今之变化，发思想之先声，推出一批有思想穿透力的精品力作，培养一批学贯中西的历史学家，充分发挥知古鉴今、资政育人作用，为推动中国历史研究发展、加强中国史学研究国际交流合作做出贡献。习近平总书记的贺信闪烁着马克思主义真理的光芒，是新时代中国史学繁荣发展的纲领和指南，为新时代中国史学研究指明了方向、明确了目标、提供了根本遵循。

为人民做学问，是新时代中国史学的鲜明底色。为切实贯彻落实习近平总书记重要指示，贯彻落实以人民为中心的学术研究导向、让人民群众共享新时代历史学发展成果，中国历史研究院肩负起发挥历史学资政育人作用、传播中华优秀传统文化和历史知识、推动新时代中国史学高质量发展的时代使命，面向全国史学界，组织各领域专家学者，编写并推出史学类普及性读物，其内容涵盖考古学、中国历史、世界历史等方面。

"大家写小书"历来为中国学术界所倡导，也是中国史学的优良传统，以往史学家们编写的许多优秀普及性读物，深得社会各界青昧，为涵养史学素养贡献良多。在新时代，中国史学工作者接续奋斗、潜心治学，在若干重大历史问题上取得一系列新认识、新观点，但是其中的大多数却并不为大众所知。随着社会的快速发展，人民群众对历史知识的渴求与日俱增，回应时代关切，满足人民群众对历史知识的多方面需求，是新时代史学工作者理应承担的使命。将专业性的、前沿性的史学研究成果有效转化为大众喜闻乐见的普及性资源，使高深晦涩的史学研究成果走出“象牙塔”，走入寻常百姓家，把更多科学的、真实的、客观的历史知识传播给大众，是新时代史学工作者理应肩负起的责任。

为此，中国历史研究院以弘扬中华优秀传统文化、讲好中国故事、提升大众历史自觉和文化自信为己任，不断推动优秀历史文化研究成果创造性转化、创新性发展，全面谋划历史知识普及性工作。我们希望以生动清新的风格，严谨朴实的文风，通俗易懂的语言，简洁清晰的内容，图文并茂的形式，短小精悍的篇幅，让收藏在博物馆里的文物、陈列在广阔大地上的遗产、书写在古籍里的文字都活起来。在史学家的笔下，沉寂的人类历史展现出真实而生动的面貌，“复活”的各类出土文物更加妙趣横生，当人们畅游在史学知识海洋中时，不仅仅是对古老历史、灿烂文明的凝望，更能够从中领略到历史的博大精深、感悟到文明的源远流长，从而在对历史的回望中，汲取智慧和力量，更加满怀信心地走向未来。

当然，无论考古学，还是中国历史、世界历史，可供普及的科学知识实在是浩如烟海，如何为大众提供更多雅俗共赏、引人入胜的史学类普及性读物，如何精准对标不同群体对历史知识的需求，于我们而言尚待不断探索。在此，我呼吁我们的史学工作者要把传播正确、科学历史知识的责任扛在肩上，把促进人民群众树立正确的国家观、民族观、历史观，坚定文化自信、增强历史自觉的重任举在头顶，持之以恒，久久为功，推出更多有灵魂、有思想、有情怀的史学类普及性读物。同时，也希望社会各界给予我们更多支持和关心，你们的支持和关心将是我们推出更多高质量史学类普及性读物的最大动力。

让我们共同努力，“让文物说话、把历史智慧告诉人们，激发我们的民族自豪感和自信心”，为实现中华民族伟大复兴贡献历史学的智慧和力量。

高　翔

2022 年 8 月

前言

PREFACE

人类社会是不断发展变化的，人事有代谢，往来成古今。历史是最好的老师。古人云："欲知大道，必先为史。"只有了解人类社会的过去，才能正确理解人类社会的今天，才能深刻把握人类社会发展大势和规律，才能不断创造更加美好的明天。你手中的这本《世界简史》，叙述的正是人类社会的演进史、人类文明的发展史，提供的正是理解当今社会现状、展望未来前景的重要历史参照。

能看得见多远的过去，就能看得见多远的未来。我们的这本《世界简史》，从人类形成讲起，简要叙述世界历史演进历程，展现不同时代的文明面貌，探讨人类社会发展进步的根本动力，揭示人类文明在交流互鉴中繁荣发展的演进大势。

世界历史的发展是不平衡的。在这本书里，你会发现，世界各地区并非同步进入文明时代。发展有先后，文明无优劣，世界各地区文明经历了复杂多样的兴衰历程。人类已经历了原始社会、奴隶社会、封建社会、资本主义社会，不断迈向文明新高度，现在已进入了资本主义社会逐步被社会主义社会取代的大时代。多种多样的文明，创造了五彩斑斓的世界。文明间的交流互鉴推动着人类社会生机勃勃地不断向前发展。在推进人类命运共同体的建设中，世界各国人民一定能够胜利地克服前进道路上的各种困难和挑战，共同迈向光辉灿烂的未来。

目录

五 风云激荡的亚非欧

六 封建主和资本家谁主沉浮？

七 世界格局因欧洲列强扩张而变化

八 工业革命改变世界

九 为了部分人还是为了全人类

十 两次世界大战时期的世界

新的时代，新的使命

从蒙昧步入文明

3000万年至1000万年前，古猿向着人的方向演进。大约200万年前，古猿转化为人。从诞生之日起，人类就持续追求美好生活，向着文明社会前进，只是这个过程非常漫长。历史的车轮滚滚向前，行至公元前3000多年，人类实现了历史性飞跃，迈过没有文字记述、没有城市生活、没有国家管理的门槛，成功进入文明社会。

1. 人类究竟从哪里来

地球是我们的家园。这个家园可不是始终像今天这样。如果把历史的镜头拉得足够长，我们就能发现，地球在漫长的历史长河中是持续活动着的，严寒逐温暖，阡陌变荒原，火山大喷发，山川大易位，生灵多变换，都是这个长镜头下的家园变迁照。

古猿在这个家园的历史变迁中进化为人。从猿向人的演进，实在是太漫长，大约用了两三千万年的时间。当然，这是正常现象，毕竟这是由一种动物向另一种动物的演进，而且是向着更高级的动物进化。有学者认为，最早在 600 万年前，最迟在 100 万年前，东非和南非生活的一种古猿，已经在告别猿群的道路上取得了明显成功，已经具备了人的某些特征，比如有了像人一样的颅骨，更重要的是能够部分地直立行走了。当然，他们还没有完全适应直立行走，在追逐动物的时候，更喜欢用四肢奔跑。

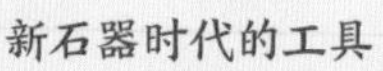
新石器时代的工具

旧石器时代的工具

在从古猿向人的演进道路上，能够留下一块头盖骨、一块下颌骨、一根腿骨、几颗牙齿，已经算是幸运的。我们就是通过零星的遗骨追溯到了古猿向人演进的大概线索。还有更为幸运的。非洲埃塞俄比亚出土了一具比较完整的骨骸化石，是一位女性。考古学家给她起了个很好听的名字，叫“露西”。露西生活在 320 万年前，身高约 1.1 米，年龄不大，拥有人的四肢，能够直立行走。这支古猿的后裔命运如何，我们尚不得而知。期待未来的考古发现能够揭示这一未知。

从体型上来看，人区别于其他动物的明显特征是直立行走。经常性的直立行走，使人类的双手解放出来，可以从事其他劳动。经常性的劳动，又使人的大脑和思维得到发展。这样，在 210 万年至 170 万年前，非洲出现了一种比露西更进步的古猿，能够直立行走，可能还会简单地用语言交流思想。他们的后代可能已经离开非洲，进入亚洲和欧洲，探索更广阔的天地。

在约 200 万年前至 20 万年前，印度尼西亚、中国、东非、西北非和欧洲都出现了一种能够经常性直立行走的人，我们称他们为直立人。这些直立人的体型和生理结构与现代人没有多大差别，我们把他们视作自己的直系先祖。这些直立人非常了不起，或许是在火山爆发之后，对熊熊烈火惊诧万分，也发现火可以让他们感到温暖，能给他们提供烤熟的食物，从而把火视为珍宝，将其保留了下来。对火的控制和使用，使直立人具备了更多改变自身和大自然的能力。这对于人类的发展而言，实在是意义重大。

直立人发展到约 25 万年至 5 万年之前，拥有了更多脑容量，积累了更多生活经验，大大提高了智力水平，演进为“智人”。智人出现在亚、非、欧三大洲。中国的大荔人、丁村人、马坝人等都是这种智人。他们还能够人工取火，改变大自然的能力得到进一步提升。

在约 10 万年至 1 万年前，智人完全变成了现代人。中国的山顶洞人就是这样的现代人，生活在约 1.8 万年前。现代人制作工具的能力更强了，不仅制作石器，还制作骨器，掌握了缝纫技术，发明了原始雕刻艺术，形成了原始宗教意识等。

2. 在创造中步入文明

你一定还想知道一件事情，那就是：在长达一两百万年的时间里，人类是怎样生活的。在大约 200 万年至大约 1 万年前，人类的生活是非常艰苦的，他们成群结队地追赶动物，杀死动物之后，直接食用血淋淋的生肉。一旦捕捉不到陆地上的动物，他们就只能挖掘地下的植物根茎，或采摘果食，或者捕食鱼类。待到掌握了控制火的技术以后，远古祖先开始感受到温暖舒适，开始食用烤熟的食物。人们居住在山洞里，以躲避严寒。他们在获取食物的过程中，天才地发现很多石头更为坚硬，能够打制出刃口，从而发

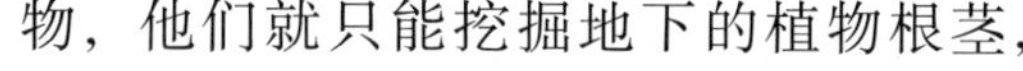

中国半坡文化彩陶图案

明了粗糙的打制石器。当然，他们也试着用坚硬的骨头制作工具，还把尖锐的细小骨头用作缝针，把动物皮缝起来，制作成可以遮身蔽体的衣服。随着生产工具的改进、寿命的延长，他们在群体生活中，逐渐发展出了人与人之间的各种关系，形成了血缘家族和随后的氏族部落组织。

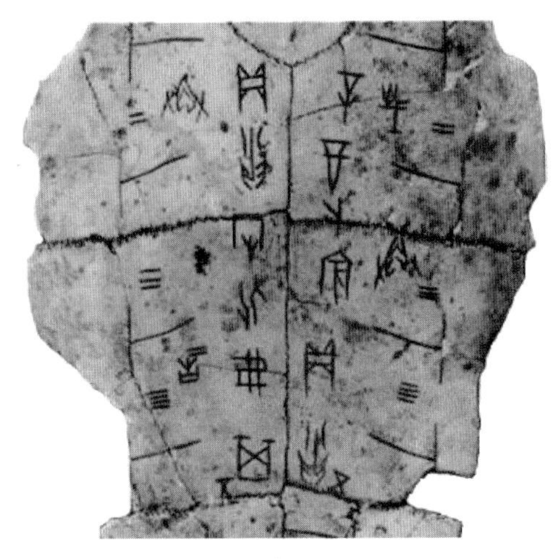
中国的甲骨文

我们的先祖并不满足于粗糙的打制石器，不断探索新工具。约 2 万年前他们发现把陶泥放在火上烘烤，可以制作成容器，用来存放食物，从而开始制作陶器。大约 1 万年前，他们发现经过打磨的石器更好用，开始大量制作和使用精细的磨制石器。磨制石器大大提高了人们的生产能力，提高了人们获取食物的本领。在食物比较有保障的情况下，人口开始增加。人们也试着驯养动物和培育植物，进而从事农业耕种。西亚和北非的人们广泛种植小麦和大麦，东亚和南亚的人们栽培粟和水稻，中南美洲的人们则种植玉米。农作物的种植使人们能够解决基本的食物问题了，甚至在食用之外还有剩余。剩余产品出现以后，一部分人能够专门从事手工业，一部分人能够从事专职的管理工作，出现了部分脱离农业生产的人。这些人过上了城市生活。社会上出现了不平等、剥削关系和社会矛盾。人们为了更好地发展生产、解决矛盾、管理社会，逐渐建立起一套管理体系，建立起强制机关，这就是国家。国家产生以后，人们在国家机器的管理和统治下过上了有序的生活。国家的产生标志着人类进入了文明社会阶段。

我们的先祖依靠当时的先进工具——石器——开疆拓土，创造物质文化，推动人类社会向着文明发展。同时，他们也在进行着深入思考，创造了精神财富。人们希望把自己的经验传递给后代，也希望通过某种方式让讲不同语言的人们互相理解，于是用绳子打结的方式传递信息，后来发现图画能够更多地传递信息，再后来发现可以赋予这些图画文字更多含义，这就创造出了富含各种抽象概念的文字。古埃及象形文字和两河流域楔形文字就是这样演变而来的。中国人使用的甲骨文也应是这样演变而来的，或许早在公元前 5000 年就出现了文字雏形。世界各地的先祖还喜欢雕刻和绘画，他们把妇女的形象雕刻得惟妙惟肖，把载歌载舞的人们刻画得栩栩如生，把庞大的猛犸象和野牛描绘得活灵活现。如果不信，你可以到埃及开罗博物馆里近距离观摩一下埃及先祖留下来的大母女神像，你也可以到中国国家博物馆细细观察中国半坡文化陶器上精美的人面纹和鱼纹，你还可以到西班牙北部和法国西南部的洞穴里面欣赏一下几万年前巨兽奔腾的壮观场面，相信你一定会被史前社会的艺术作品强烈震撼到。远古祖先为什么刻画这些艺术品呢？我们推测，他们既对强大力量心怀敬畏，也对美好事物心存向往，更对未来生活抱有美好的希望。对大自然的崇敬和对美好事物的追求，深深地嵌入人们思想深处，在世界古老文明的发展中逐渐展现，世界越来越精彩。

3. 尼罗河畔唱响赞歌

非洲是一个神奇的地方，是最早产生人类文明曙光的大陆之一。在非洲东北角，有一块木楔子状的土地，通过西奈山与亚洲大陆相连，这就是世界四大文明古国之一的埃及。大约公元前 1 万年以后，埃及就呈现出今日的地理面貌，一条绿色长河贯穿茫茫沙漠，由南至北，滚滚流淌，注入地中海。人们逐渐集中并生活在这条赐予埃及以生命的尼罗河两岸，唱响了人类文明史上美妙的赞歌。

到公元前 3100 年前后，国王那尔迈（或美尼斯）建立了统一的埃及国家。埃及国家博物馆收藏的国宝——那尔迈调色板，记载了这个意义重大的历史时刻。尼罗河滋养的农业经济，因青铜工具的广泛使用而快速发展，推动古埃及文明不断前进。经过几百年的努力，到古王国时期（约公元前 2686—前 2181 年），古埃及人确立起

那尔迈调色板

古埃及农业和手工业生产场面壁画

强大统一的中央集权地域王国。又过了几百年，新王国时期（约公元前 1550—前 1069 年）的埃及成为地中海地区最强大的国家。

古埃及国王被宣称为神，掌握国家的最高统治权。但并非由国王一人实施国家统治，国王之下设有宰相，宰相之下有管理国家军事、税收、司法、公共工程等事务的部门和大臣。整个埃及划分为四十个左右的省，由省长管理。省下设区和村等行政单位。各级行政单位都设有负责行政、军事、司法、税收等事务的官员。这种金字塔结构的官员体系成为统治埃及国家的基本机器。

古埃及众多国王之中，图特摩斯三世很值得一提。他是新王国时期著名的战争国王，曾在 20 年内先后对西亚发动 17 次战争，将埃及东北方边界线推进到幼发拉底河。他发动对南方努比亚的战争，将埃及南部边境扩张到尼罗河第四瀑布。这使埃及版图达到最大，成为人类历史上第一个地跨亚非两大洲的大国。

埃赫那吞一家崇拜阿吞神浮雕

国王埃赫那吞因推行宗教改革而闻名。为了消除阿蒙祭司集团对国王统治的干预，埃赫那吞用太阳圆盘神阿吞代替阿蒙神，关闭阿蒙神庙，没收阿蒙祭司的财产，从神庙墙壁的浮雕上铲除阿蒙神的肖像和名字，建立新都埃赫塔吞（今阿玛尔那）等。他在推行宗教改革过程中依靠的是中小奴隶主阶层，无法与宗教大祭司和军事奴隶主阶层对抗，最终改革失败。尽管宗教改革没有达到预期政治目的，但它在客观上促使古埃及文学和艺术风格从理想主义向现实主义转变。从埃赫塔吞城的界碑以及浮雕和雕像上，我们看到了埃赫那吞的形象：嘴阔鼻长、大腹便便。一些浮雕描绘了埃赫那吞偕妻子和女儿向太阳圆盘神祈祷的场面，还有浮雕描绘了埃赫那吞一家人其乐融融的生活画面。

另一位著名国王是拉美西斯二世。他是一位非常有抱负的统治者，一心想着恢复图特摩斯三世时期的埃及版图，不断发动对叙利亚 – 巴勒斯坦和努比亚等地的战争。正当拉美西斯二世试图在西亚

卡尔纳克神庙

扩张领土的时候，西亚的赫梯王国兴起，向叙利亚－巴勒斯坦地区扩张势力。结果，埃及与赫梯在叙利亚－巴勒斯坦地区展开了长达二十多年的争霸战争。拉美西斯二世为了在这一地区取得决定性胜利，亲自率军深入到叙利亚的卡叠什，与赫梯人展开了一场大战。拉美西斯二世的远征军由四支“大军”组成，约两万人。他亲自率领阿蒙大军，行进速度最快。他在即将到达卡叠什时，抓获了一个赫梯细作。经审问“得知”，赫梯军队已经离开卡叠什城，向更远处撤退。实际上，这个细作是赫梯人故意派来传递假信息的。拉美西斯二世和其军事委员会信以为真，便率领阿蒙大军直奔卡叠什。当拉美西斯二世的阿蒙大军到达卡叠什城外时，赫梯伏兵突然出现，

卢克索神庙

将拉美西斯二世和其军队团团围住。拉美西斯二世并未慌乱，从容应对。他身先士卒，驾驶战车，奋勇杀敌。他的军队面对突如其来的变故，显得有些惊慌，没有立即跟随拉美西斯二世左右，有退却之意。拉美西斯二世注意到这点之后，一边左突右杀，挡住敌军攻势，一边鼓舞军队斗志。埃及军队寡不敌众，开始败退。赫梯士兵没有集中精力攻击拉美西斯二世，或许没有意识到他们面对的正是拉美西斯二世本人；很多赫梯士兵将注意力转移到抢夺埃及士兵丢下的财物上，拉美西斯二世和其被困军队因此赢得了宝贵战机。埃及后续部队及时赶到，与拉美西斯二世的军队形成内外夹击之势，令赫梯军队大惊失色，慌乱逃窜。拉美西斯二世的军队得以脱险。双方损失很大，都没有取得真正胜利。在之后的争战中，双方都未

吉萨三大金字塔

能取得决定性胜利。约公元前1259年，拉美西斯二世和赫梯国王哈吐什里三世签订了停战条约，这是目前所知人类历史上第一个国际性和平条约。

古埃及是一个宗教信仰非常浓厚的国家。新王国时期的国王们大多数崇拜太阳神阿蒙，将战功归于阿蒙神，大规模建筑神庙。卡尔纳克神庙和卢克索神庙是世界上最大的神庙。在卡尔纳克神庙里，塞梯一世和拉美西斯二世建筑了多柱大厅，由134根高达十几米至二十几米的巨大石柱组成，石柱建筑向世人展示着新王国时期建筑艺术的高超，也展现了第十九王朝时期埃及财富的雄厚，更彰显出古埃及新王国时期宗教信仰的巨大力量。

古埃及国王追求永生，举全国之力，为自己建筑陵墓。古王国时期国王们建筑的是角椎体状石头坟墓，像高高的塔一样，四个面都像汉字的“金”字，中国人称其为“金字塔”。最大的金字塔是由国王胡夫建造的，原高 146.5 米，总共用 230 万块平均重 2.5 吨的石材建成。胡夫的后代哈弗拉和孟考拉，分别在附近建筑了两座大金字塔。三座金字塔都位于现在开罗南郊吉萨高地上，是世界十大奇迹之一。到埃及开罗旅游的人，一般都要到吉萨金字塔参观。面对巍峨壮观的金字塔，人们不禁对古埃及劳动人民的创造力和智慧倍加赞叹！

新王国时期，国王们为了防止陵墓被盗，不再在地面上建筑目标明显的金字塔，而是将陵墓隐藏在底比斯尼罗河西岸干燥的山谷里，从悬崖峭壁上开凿和修建岩窟墓。埋葬国王的这个山谷被称为“帝王谷”。在帝王谷中，有 65 座坟墓，目前已经确认 24 座是国王的。在这些王墓当中，最长的达 230 米以上，面积最大的超过 1800 平方米。图坦哈蒙墓是帝王谷中较晚发现的一座（1922 年发现），结构很简单，规模不大。这座坟墓几乎未被盗劫，许多陪葬品得以保留下来。陪葬品异常丰富，近 5000 件，全部黄金重量为 1128.9 千克，被誉为“埃及宝库”。这些珍贵文物都将陆续在新建成的开罗博物馆展览。其中令人印象深刻的是图坦哈蒙棺，共 8 层，从外往里依次为 4 层木质圣棺、1 层石棺、2 层贴金棺和 1 层纯金人形棺。黄金棺最为精美，用黄金片锤打而成，重 110.4 千克。黄金面具覆盖在法老木乃伊头部，面部表情极富青春色彩，美妙绝伦，是目前所见最精美的面具。图坦哈蒙立身像（一对）、图坦哈蒙王座、图坦

图坦哈蒙金面具

《群鹅图》

哈蒙金床和精美彩绘木箱，都堪称稀世佳品。

古代埃及人的象形文字是交流工具，也是具有装饰效果的图画符号，与神庙和坟墓墙壁上的浮雕壁画浑然一体，美妙无比，展示着古埃及人的智慧。古埃及人用这种美如画的文字创作宗教文学，生产激情涌动的世俗作品。在一份纸草文献中，作者这样描写一位姑娘的美丽：“笔直的项颈，光彩的乳房；头发如纯色青金石，双臂胜于黄金，手指宛若莲芽。庄重的大腿，纤细的身腰，适中的双脚，都展现了她的美丽。”古王国时期的《群鹅图》堪称古埃及绘画艺术的杰作。这幅彩色绘画发现于美杜姆第四王朝伊太特马斯塔巴墓的墙壁上。画中六只鹅与现实中的鹅大小基本相等，左右各三只，非常对称。它们朝着相反的方向漫步前行，悠闲自得。两侧低头觅食的两只鹅更是栩栩如生。整个画面色泽鲜艳、和谐唯美、笔法纯熟、意境深刻。古埃及人还在天文学、历法、医学、数学、建筑等领域，取得了很多令人赞叹的成就。西方人撰写的《黑色雅典娜》一书称

古埃及文明为西方文明的非洲之根。从这个意义上讲，古埃及文明对以希腊罗马文明为源头的西方文明影响深远。古埃及人创造的灿烂文化对人类文明的发展做出了重要贡献。

➤ 4. 两河流域文明嬗变

古代西亚两河流域孕育了若干个古老的文明，在两千多年的历史进程中经历了连续的文明嬗变。约公元前3200年到前2350年，了不起的苏美尔人建立了众多城邦，开启了两河流域的文明时代。苏美尔人使用形似木楔子文字符号，称为楔形文字。两河流域后来的其他语言，如阿卡德语和赫梯语，都采用楔形文字，但不同语言中的楔形文字具有不同含义和表达方式。

苏美尔重要城邦基什有一位雄才大略、英勇善战的大臣，名叫

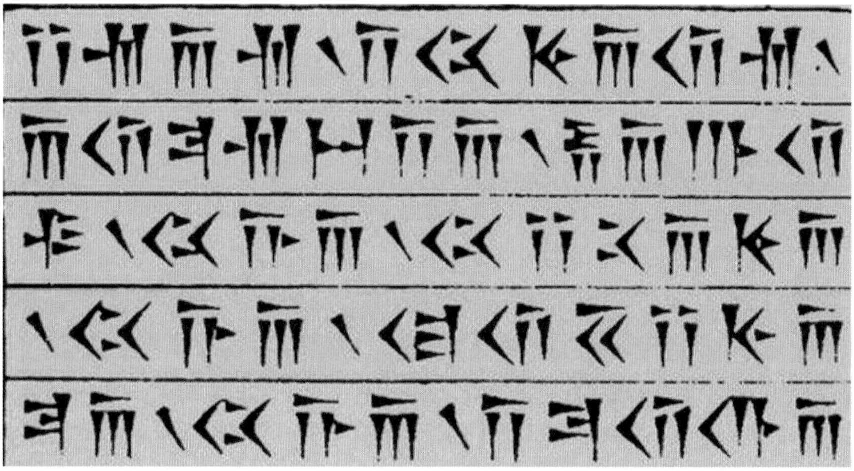

楔形文字

萨尔贡。他发动政变，推翻基什国王的统治，不断进攻其他城邦，将所有城邦置于自己的统治之下，建立了统一的阿卡德王国（约公元前 2296—前 2160 年）。萨尔贡一世虽然统一了各邦，但始终担心各邦会叛乱，所以常常亲力亲为，率领由 5000 名士兵组成的军队，一个城邦接着一个城邦地视察。他所到之处，当地人就得为 5000 名士兵提供衣食住处，各城邦为此吃尽了苦头，无不怨声载道。反抗连绵不断，但都被镇压下去。萨尔贡一世的后代尽力维系君主专制统治和王国延续，直至约公元前 2160 年。

约公元前 2112 年至前 2004 年，原苏美尔城邦乌尔的第三王朝征服并统治两河流域中下流地区。乌尔第三王朝灭亡以后，两河流域一度陷入列国征战的分裂状态。乌尔第三王朝对人类的一个重大贡献是颁布了成文法典——《乌尔纳木法典》（也译为《乌尔纳姆法典》），该法典为古巴比伦《汉谟拉比法典》提供了借鉴，使两河流

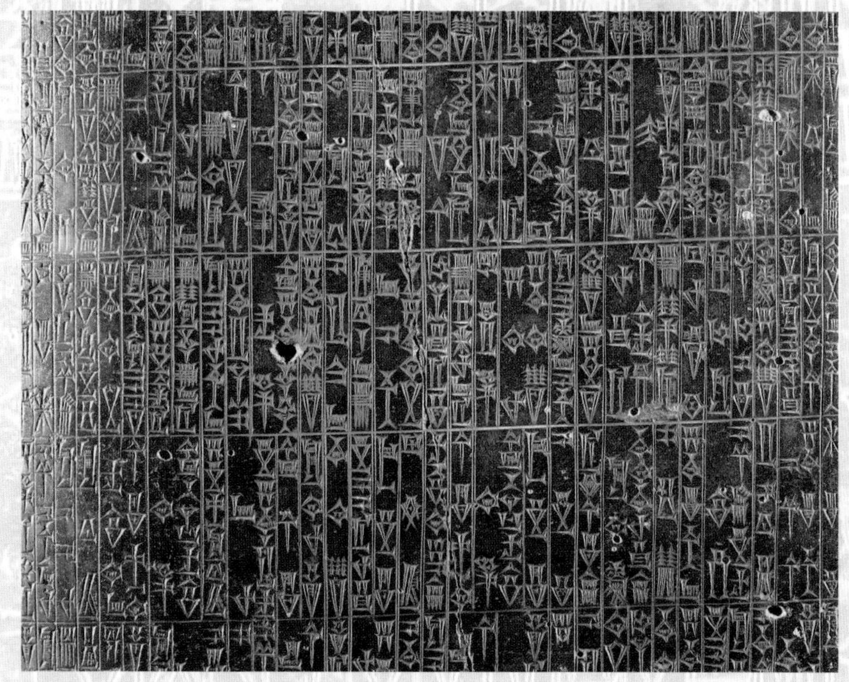

《汉谟拉比法典》

域各文明形成了制定法典的传统。在古代世界，无论实行君主制的国家，还是实行共和制或民主制的国家或城邦，都用法律来约束人们的行为，维护统治秩序。然而，并非所有国家都具有撰写成文法或法典的传统。

在乌尔第三王朝灭亡以后，阿摩利人占据了各个重镇，建立了一些国家。约公元前 1894 年，阿摩利人苏姆·阿布在巴比伦城建立巴比伦王国，古巴比伦文明从此开始。经过几代国王的征伐，在汉谟拉比统治时期，古巴比伦王国变成了从波斯湾到地中海的奴隶制大国，两河流域得到空前统一。汉谟拉比建立了高度中央集权专制统治，称自己为“天下四方之王”，拥有行政、经济、军事、司法和文化等最高权力。他修筑了壮观的巴比伦城墙，制定了著名的《汉谟拉比法典》。这部法典是古代两河流域涉及范围最广、内容最丰富且最翔实、保存最完整的法典。法典在序言中声称：“为人民带来幸福……令正义出现在大地上，摧毁罪恶，使强者不能欺凌弱者，像太阳一样照耀人们，给大地带来光明。”法典规定谋杀、偷窃、行骗、诬陷等都要处以死刑，对劳动报酬、商业交易、婚姻关系等都做出了明确规定。这些条款确实在很大程度上维护了社会秩序，促进了商业发展，对社会发展起到了积极作用。但从本质上看，法典是为统治阶级服务的，是维护统治者利益的。例如，法典规定了巴比伦的土地制度，使王室拥有的土地合法化，使贵族占有的土地获得法律认可。法典使社会阶层固定下来，将人们分为自由人、依附民或半自由人、奴隶三个等级，自由人包括贵族和平民。法典还规定，一个贵族伤害了另一个贵族的眼睛或牙齿，就必须以失去自己的眼睛或牙齿作为惩罚；倘若一个贵族伤害的是一个普通人的眼睛或牙齿，那么他只需缴纳银子作为罚金，就可以了事了。古巴比伦的强大在很大程度上以《汉谟拉比法典》为保障。随着汉谟拉比的去世，法典不能得到严格遵守，社会逐渐陷入内外交困的局面。

公元前 3000 年前后，操印欧语言的雅利安人从里海和黑海以北、今日俄罗斯和乌克兰南部的草原地带出发，断断续续地前进，逐渐迁移到欧洲、西亚和南亚等地。赫梯人是雅利安人的一支，在安纳托利亚平原中部建立起强大王国。由于发明了铁器锻造技术、使用了锋利坚韧的铁器和轻便快速的马拉战车等，赫梯在公元前 1400 年至前 1200 年之间达到鼎盛，成为古代西亚地区的强国，一度与新王国时期的埃及争夺叙利亚－巴勒斯坦地区的霸权。统一的赫梯帝国瓦解以后，马拉战车和锻造铁器技术随着赫梯人的流散而传播开来。

赫梯的铁器

古代西亚还有一个著名的民族，那就是腓尼基人。他们从公元前 3000 年代起在腓尼基地区（今黎巴嫩和叙利亚的沿海地区）陆续建立一些以城市为中心的国家。腓尼基人是世界上著名的商业民族，善于造船、织布、染布。他们发明的字母对阿拉伯字母和希伯来字母等产生了深远影响。古希腊文就是在腓尼基字母的基础上发展起来的。

古代西亚的人们创造了对后世影响深远的文化成就。《吉尔伽美什史诗》以其美妙的故事成为古代两河流域最著名的文学作品。《汉谟拉比法典》石柱上的浮雕非常具有艺术表现力。古巴比伦人不仅知道十进位制，还知道六十进位制，发明了 1 至 10 的数字符号，对

腓尼基字母

后世数学发展影响较大。他们在历法方面的突出贡献是将1个月分为4个“星期”，每个“星期”7天。我们今日所说的“星期”便受到了巴比伦历法的影响。

5. 多元一体中国形成

中国是人类起源的重要地区之一，也是世界四大古文明之一。在距今200万年的时候，中国进入石器时代。在距今1万年前，中国北方地区开始栽培粟、黍，长江中下游地区开始栽培水稻。中国早期的兴隆洼文化、河姆渡文化等，因农业发展而出现人口显著增加的状况。在仰韶时代，黄河流域和长江流域出现了面积数十万乃至上百万平方米的中心聚落，甚至出现了作为区域性政治、经济、文化中心的城市。聚落规模的发展和人口的不断积聚，以及红山文化女神庙、积石冢、大型祭坛、精美玉器等，都表明中国各地的人们正向着文明社会迈进。中国文明的起源地点，不局限于

兴隆洼出土的陶人

良渚古城复原图

哪一个特定地区，而是像“满天星斗”一样，遍布中华大地，逐渐向着统一的文明国家迈进。公元前 3000 年前后，黄河和长江流域的各文化进入中国早期文明发展期，主要包括后期仰韶文化、红山文化、良渚文化、龙山文化、陶寺文化等。

约公元前 21 世纪，禹的儿子启在中原地区建立夏王朝（约公元前 2070—前 1600 年）。夏是中国中原地区历史上第一个以国王为最高统治者的奴隶制王朝。一般认为，夏朝晚期的都城位于二里头。夏朝最后一个王桀，荒淫暴虐，引起民愤，最终被商汤所灭。

商王朝（约公元前 1600—前 1046 年）以相当成熟的文字甲骨文和灿烂夺目的青铜文化著称于世。商朝的国都几经变迁，盘庚迁

都殷（今河南安阳小屯村）之后确定下来。迁都殷以后，商王朝最重要的王是武丁。他重视农业生产，在妇好等人的辅佐下，励精图治，屡兴征伐，使商王朝更加强盛起来。商朝末代国王纣，穷兵黩武、纵酒享乐、虐待臣民，引起人民的不满和社会动荡。周是反对商纣王暴行的主要力量，周武王率领军队，在商朝朝歌（今河南淇县）附近的牧野（今淇县以南卫河以北地区）大败商朝军队，这是灭亡商朝的一次战略性决战。

中华文明在起源、形成和发展过程中，创造了丰富的物质、制度和精神文化，各种彩陶、青铜器、玉器、金器，制作之精良，工艺之复杂，内涵之丰富，

“司母戊”大方鼎

妇好墓出土的精美文物

无不显示出中国先民的高超技艺和伟大智慧。这可从妇好墓的丰富陪葬品窥见一斑。妇好墓中有 468 件青铜物品，总重量达 1600 千克；还有 755 件玉雕、564 件骨雕、5 件精美象牙杯、11 件陶器和 6900 个海贝。海贝很可能是远途贸易的结果，也可能是礼物交换的产物。古代中国并非与世隔绝，而是与周围地区进行着各种交往和交流，中国的粟、黍和丝绸等传播到了中亚、西亚地区，而小麦、家畜黄牛和绵羊、冶铜技术等经中亚传入中国。

6. 神秘消失的哈拉巴

古代印度也被视为世界四大古文明之一。南亚次大陆，或者广义上的古印度，经过漫长的旧石器时代，于公元前 8000 年至公元前 5000 年进入新石器时代。公元前 3000 年前后，随着农业发展，人口迅速增长，德拉维人在印度建立起繁荣的城市。公元前 3 千纪中叶至公元前 2 千纪中叶，印度河流域出现了以哈拉巴和摩亨佐·达罗（均在今巴基斯坦境内）等城市为核心的国家，被称为哈拉巴文明。很多人认为这是“纯正的”印度早期文明。

哈拉巴和摩亨佐·达罗这样大规模的城市应该是政治、经济和文化中心，存在宗教仪式活动。哈拉巴文明遗址从一端到另一端的距离近 1500 千米。据估计，摩亨佐·达罗的城市人口在 3.5 万至 4 万之间。哈拉巴文明社会出现了大规模公共建筑，存在等级差别，有剥削阶级和被剥削阶级，是印度早期奴隶制社会。约公元前 19 世

哈拉巴文明印章文字

纪，哈拉巴文明的城市开始衰落。到公元前1500年前后，哈拉巴的城市全部瓦解。文明衰亡的原因不详，可能是由地震灾害、外来征服、自然环境变化等造成的。哈拉巴社会的人们已经使用文字，主要见于考古发现的几千枚印章上（所以称为印章文字），这些印章上大约有400多个不同的符号，迄今尚未释读成功。

公元前2千纪，印欧人的一支雅利安人迁移到南亚次大陆。公元前1500年前后至前900年前后，雅利安人在印度河上游、中游和恒河上游一带生活。到达印度的雅利安人创作了很多诗歌，最初通过口口相传而传承下来，后来用梵文记录下来。其中，最早集大成的口传作品是《吠陀》。吠陀是梵语Veda的音译，意为知识、智慧，是印度最古老的宗教文献和文学作品的总称。最古的《吠陀本集》共四部，《梨俱吠陀》（颂诗）、《沙摩吠陀》（歌曲）、《耶柔吠陀》（祭祀仪式）、《阿闼婆吠陀》（巫术咒语）。这些文献反映的时代在印度历史上称为“吠陀时代”，分为早期吠陀时代（约公元前1500—前900年）和晚期吠陀时代（约公元前900—前600年）。《梨俱吠陀》

主要反映了早期吠陀时代的历史。其他三部经典文献反映的是晚期吠陀时代的历史。

从《梨俱吠陀》来看，雅利安人内部没有统一的国家和政府，出现了阶层分化，由上百个部落管理着社会，部落由一个类似于王的人物掌握主要权力，部落之间为了资源和人口而经常争斗。雅利安人到达印度以后，与当地德拉维人不断发生冲突。当然，雅利安人与德拉维人之间也不断通婚，互相影响，互相融合，逐渐发展出新的印度社会和文化。

7. 线形文字谱写文明

在欧洲，希腊爱琴地区始终是地中海地区人们经商和迁移的路径，往来于各地的商旅和移民在各个岛屿上交往交流交融，成为爱琴海诸岛屿最早的居民。大约公元前 2000 年，地中海上的克里特岛出现了最初的国家，后来克诺索斯王国统一克里特岛，甚至一度统治着爱琴海很多岛屿。该王国在克里特岛建立了规模宏大的王宫，最大的是克诺索斯王宫。克诺索斯王宫装饰着栩栩如生的壁画，描绘了米诺斯人劳动和嬉戏的场景。在克里特文明时期，人们使用线形文字 A，至今尚未释读成功。公元前 15 世纪中期以后，克里特岛文明可能因地震、火山喷发和海啸等逐渐衰落。爱琴文明的中心转移到希腊大陆的迈锡尼。

大约公元前 2200 年，印欧语系的人们进入希腊，定居于伯罗奔

线形文字

尼撒半岛，在克里特文明影响下向着文明迈进，在大约公元前 1600 年建立起国家，其中以迈锡尼城为中心的王国最为强大。在公元前 13 世纪前后，一些王国曾联合起来，在阿伽门农的率领下，攻打小亚细亚国家特洛伊。古希腊两部著名史诗《伊利亚特》和《奥德赛》就是以这个事件为素材，充分反映了这段时间地中海世界的动荡不安。公元前 12 世纪中期，迈锡尼文明走向灭亡。迈锡尼人使用的文字被称为线形文字 B，属于古希腊语的一支，1952 年释读成功。这使今天的人们更多地了解了古代迈锡尼文明。

总之，公元前 3000 年至前 1000 年之间，亚洲和非洲以及欧洲都出现了文明社会。这些古老的文明都创造了不同的政治制度和丰富的文化成就。人口迁移推动着文化传播和文明交往互动。到公元前 1000 年前后，文明社会之间的制度、经济、文化交流越来越深入。

越走越近的亚非欧

公元前1千纪，铁器先后在亚、非、欧等文明地区得到广泛应用，亚述、波斯先后建立起地域广阔的帝国，中国、印度和地中海世界的希腊罗马也发展出出色的文明国家。美洲出现了文明的曙光。当历史步入公元1世纪以后，古代世界的联系变得更加广泛，人们越走越近。

1. 中东的前世伟业

从约公元前 1069 年开始，非洲的埃及文明进入长达千年之久的衰落时期，先后受到利比亚人、努比亚人、波斯人、希腊人、罗马人的统治。埃及失去了文明中心的地位，埃及文化与外来文化不断融合。被阿拉伯人占领之后，埃及的古老文明终结了，其兴衰史和消亡原因都值得认真思考。

在亚洲，公元前 1 千纪，巴勒斯坦地区的王国获得发展，先后经历了扫罗、所罗门国王的统治。所罗门去世以后，希伯来人的国家分裂为以色列和犹太两个国家。北方的以色列国家存在 200 多年便消失了。南方的犹太国家一直持续到罗马统治时期。希伯来人创立了以崇拜耶和华救世主（上帝）为内容的一神教，即犹太教，其教义经典主要是希伯来《圣经》。

公元前 1 千纪，西亚的亚述进入新亚述时期（公元前 10—前 7 世纪）。铁器的使用提高了生产力，促进了经济发展，增强了军事实力。北非埃及新王国的衰亡和之后的混乱状态、西亚赫梯王国的崩溃、西亚其他地区的无序状态，为新亚述的崛起提供了有利的国际环境。有一位叫提格拉特帕拉沙尔三世的国王，进行了军事改革，建立起一支兵种多样、装备精良、纪律严明的军队。这支军队异常凶悍、残忍，常常对俘虏采取火烧、剜眼、嘴唇穿锁链等酷刑。亚述就是凭借这支大军，对外进行大规模扩张，先后征服了叙利亚、巴比伦尼亚和埃及等地。到公元前 7 世纪上半期，亚述成为地跨西亚北非的大国。提格拉特帕拉沙尔还改变了原来亚述对被征服地区杀光烧光的政策，把被征服地区的人们迁移到其他地方，让从其他地方迁来的人们在这里耕种土地。这虽然缓和了一些社会矛盾，但亚述帝国统治下的人们深受剥削，充满怨气。在亚述帝国末期，帝国内部发生骚乱，人们烧掉了藏有大量泥板图书的亚述图书馆。公元前 612 年，亚述帝国灭亡，其领土被新巴比伦王国和米底王国瓜分。

新巴比伦（公元前 626—前 539 年）是迦勒底人在巴比伦建立的王国。在国王尼布甲尼撒二世统治时期，新巴比伦王国走向鼎盛。尼布甲尼撒二世充分分析新巴比伦所处的环境，采取了“近交远攻”的策略，通过与米底王国结盟的方式巩固后方，与埃及争夺叙利亚 – 巴勒斯坦地区。尼布甲尼撒二世一度打到埃及中部的底比斯，但遭到埃及人的坚决抵抗，没能实现对埃及的统治。在对埃及发动战争的过程中，新巴比伦周围一些小国蠢蠢欲动，要么反抗新巴比伦的统治，要么支持埃及。犹太人是支持埃及的一支力量，成为尼布甲尼撒二世的进攻目标。公元前 597 年，尼布甲尼撒二世率军攻陷耶路撒冷，把大批犹太人掠往巴比伦，但犹太人不断发动起义，夺回了耶路撒冷。公元前 587 年，尼布甲尼撒二世用了 18 个月的坚决战斗，攻占耶路撒冷，将大部分犹太居民掠往巴比伦尼亚，史称“巴比伦之囚”。

新巴比伦王国在文化上取得的突出成就是巴比伦城的建筑。新巴比伦国王们将巴比伦城建得雄伟奢华，成为后来波斯帝国国王们

“空中花园”

特别喜欢居住的主要王城。新巴比伦城的标志性建筑是所谓的“空中花园”。尼布甲尼撒二世为了取悦王后米蒂斯（米底王国的公主），缓解米蒂斯思乡之苦，参照米底的景象，在巴比伦城里建筑了一个高大的公园。公园建在高台地上，由假山呈立体叠加而成，每层假山上建有拱廊建筑物，遍布各种花草树木。从远处看，就像悬挂在空中的花园。

穷兵黩武和大规模城市建设，在很大程度上耗费了国力。新巴比伦王国在内忧外患中走向灭亡，让位于波斯帝国。

公元前558年，波斯人建立波斯王国，逐渐征服伊朗高原的其他王国，并先后征服小亚细亚强国吕底亚、新巴比伦王国、埃及等地。在冈比西斯二世征服埃及的时候，波斯国内发生高墨达暴动。冈比西斯二世在从埃及返回波斯的途中去世。参与暴动的大流士一世，密谋杀死其他暴动策划者，镇压起义，夺取王位。这件事情被记录在贝希斯吞铭文里，该铭文用三种文字铭刻，为近代学者解读楔形文字提供了一把钥匙。大流士一世率军征服印度河流域和欧洲的色雷斯、马其顿等地，建立了一个地跨亚非欧三大洲的强大“波斯帝国”。在客观上拉近了亚非欧地区各文明之间的距离。

大流士一世统治时期，进行了一系列改革，强化中央集权，整顿军队，改革税制，统一货币，修建长达2400千米的道路网，促进

贝希斯吞铭文

波斯波利斯王宫建筑遗址

了经济发展和文化交流，使波斯出现鼎盛局面。波斯发动了与希腊城邦长达半个世纪之久的希波战争，以失败告终。战争削弱了波斯实力，激化了内部阶级和民族矛盾，波斯逐渐衰弱。在马其顿亚历山大对大流士三世的征讨下，波斯于公元前 330 年灭亡。波斯产生了较为成形的宗教——琐罗亚斯德教，在中国被称为拜火教，其宗教典籍是《阿维斯塔》。波斯建筑艺术体现了埃及、亚述等文化的影响，宫殿、王陵、神庙建筑都高大雄伟，大流士一世等国王在波斯波利斯的王宫就非常壮观，装饰也非常精美。

2. 雅利安人的印度

公元前900年至前600年，印度的雅利安人基本上完成了向国家的过渡，形成了较为完备的等级制度，即瓦尔纳制度。这种制度将人们分为四个等级或种姓。婆罗门种姓属于第一等级，其职业是充任祭司，研究并传授婆罗门经典，人身不可侵犯，掌握着宗教和文化大权，可以从政，充当国王的顾问。刹帝利种姓属于第二等级，其本职是“进行统治，惩罚罪犯，从事战争”，掌握国家的军事行政大权。吠舍种姓属于第三等级，其职业是从事“农业、畜牧业和商业”，属于没有特权的普通民众。首陀罗种姓属于第四等级，其职业是为以上三个种姓服务，从事手工业和做奴仆，没有土地和任何权利，是雇工或奴隶。此外，还有“不可接触的贱民”。前三个种姓是雅利安族，死后可以“转世为人”。第四种姓死后不能“转世为人”。瓦尔纳制度并非一成不变，一些低等级种姓的人可以通过战功等上升为高等级种姓，高等级种姓的人也会因为财产的丧失或犯下严重错误而沦落为低等级种姓。在瓦尔纳制度发展过程中，出现了一些不在四个种姓之内、受瓦尔纳制度约束、但享有一定自由的人。瓦尔纳制度既严格又稍有弹性的特点，使其得以长期维持下来。瓦尔纳制度与婆罗门教结合起来，成为印度各国统治阶级进行统治和压迫的工具。婆罗门教主张“业力轮回”，是维护印度种姓制度的理论工具。

公元前6世纪至前4世纪是南亚次大陆由各国分立到逐渐走向

阿育王

统一的列国时代，意识形态领域呈现出“百家争鸣”局面，出现了很多宗教派别和思想学说。释迦牟尼建立的佛教是其中之一。佛教由释迦牟尼所创，最初作为反对婆罗门教的宗教派别出现，否认种姓差别，提倡宗教领域的“众生平等”，主张按照基本教义“四谛”（即四种真理）修炼就可以成佛。佛教提倡“众生平等”，教义简单易懂，发展迅速，在两三个世纪里就传播到了南亚、东亚和东南亚的不少地区。

约公元前321年，孔雀王朝定都华氏城，统一北部印度，逐渐发展为古代南亚统治区域最广的一个王朝。阿育王是孔雀王朝繁盛时期的君主，通过政变登上王位。他在统治初期实行暴政，残酷对待大臣，残忍屠杀被征服者。后来，他幡然醒悟，不再杀戮，行善积德，皈依佛教，支持佛教发展，为佛教传播做出贡献。孔雀王朝末代国王被杀以后，巽加王朝和甘婆王朝先后统治孔雀王朝曾经统治的一些地区。

古代印度除了吠陀时代的四部经文和后来的佛经，两部著名史诗《摩诃婆罗多》和《罗摩衍那》也闪烁着印度人民的文学智慧。公元前 2—前 1 世纪建造的桑奇大宝塔是印度佛教的著名石头建筑。桑奇大宝塔四周栏杆上的雕刻作品形象逼真，栩栩如生。古代南亚人民发明的数字（即现在所谓的阿拉伯数字）闻名于世。他们还发明了“0”，最先将其运用到计算领域，这是印度在数学史上做出的一大贡献。

桑奇大宝塔

3. 从治乱走向一统

西周时期（公元前 1046—前 770 年），周天子拥有最高政治、经济、军事、司法以及宗法祭祀等方面的大权，各地诸侯定期向周天子纳贡、朝觐，乃至出兵征战等，但仍有相对独立性。春秋时期（公元前 770—前 476 年），一些诸侯国展开争霸战争，先后出现齐桓公、晋文公、秦穆公、楚庄王和宋襄公等霸主。战国时期（公元前 475—前 221 年），在诸侯国相互征伐过程中，形成战国七雄：齐、楚、燕、韩、赵、魏、秦。各国为了获得发展，纷纷重用有才学的谋士，变法图强。商鞅变法使秦国迅速强大起来，经济和军事实力逐渐超越其他几个诸侯国。经过近一个世纪的纵横捭阖，秦国征服列国，结束了战国纷争的局面。

秦朝开辟了中国历史上第一个统一的中央集权君主制封建王朝。秦始皇采取一系列措施加强皇权，促进国

明代长城

家统一和社会发展。他将大批书籍烧毁，把一批持不同思想的术士坑杀，以强力方式推进国家思想的统一。他还强行统一度量衡，统一货币制度，统一文字。秦始皇调集全国各地人力，把战国时期的长城连接起来，修建成了“万里长城”。长城对于维护中原王朝安全和为人们提供安全的生产生活环境，发挥了重要作用，当然修建长城也耗费了大量人力物力。此外，秦始皇还修建阿房宫、皇陵等，加重了人们的负担。秦始皇去世以后，秦二世胡亥昏庸无道，激起农民反抗。公元前 209 年，陈胜吴广起义爆发；继而，刘邦和项羽各自率领的起义军，成为主力。公元前 206 年，刘邦率领义军攻破咸阳，秦朝灭亡。

刘邦于公元前 202 年称帝，建立西汉。西汉王朝最著名的皇帝是汉武帝，他解决了长期以来地方势力不容易管理的问题，罢黜百家、独尊儒术，发展经济，开疆拓土，平定了中原周围的边疆战乱，屡次出兵征伐匈奴，打通河西走廊，迫使匈奴北迁，使西汉疆域比秦朝疆域扩大了近一倍。

公元 8 年，王莽篡夺西汉政权之后，建立新朝，试图解决社会矛盾，但没有取得成功。各地纷纷起义。公元 25 年，皇室后裔刘秀称帝，建立东汉。光武帝刘秀用了十多年的时间恢复和巩固国家统一，采取了很多发展经济的措施，使东汉出现繁荣局面。东汉末年，政局混乱，各地割据势力并起，经过兼并战争，出现了魏、蜀、吴三国鼎立的局面。从 220 年到 265 年，蜀汉、孙吴、曹魏互相征伐。司马炎篡夺魏的政权，建立了统一的西晋王朝（265—317 年）。

司马炎为了巩固皇权，大封宗室，将司马家族的 27 人封为各个地方的王。这种政策虽然使非司马氏家族难以篡权，但为司马氏家族成员之间的争斗准备了条件。司马炎去世以后，西晋王朝内部的王国之间展开了斗争，其中最严重的是“八王之乱”。皇族内乱严重削弱了西晋王朝的实力，地方政权纷纷建立，匈奴贵族刘渊建立的汉政权灭掉了西晋。

自汉末至魏晋时期，北方的少数民族纷纷南迁，长期与汉人杂居，习得了汉族文化和习俗，与汉民族融合起来，但仍保持本民族的认同。西晋八王之乱及其后的社会动荡，使这些少数民族的民族认同感进一步强化，少数民族纷纷在中原和周边地区建立本民族的政权，出现了“五胡十六国”的局面。

晋宗室司马睿获得门阀大族的拥戴，在建康（今南京）称帝，建立东晋（317—420 年）王朝。东晋王室打出了恢复中原的旗号，先后进行了多次北伐和西征，涌现出了几位著名将领，如祖逖、桓温、刘裕。他们都曾收复北方大片领土，但因东晋朝廷没有给予真正支持，最终都得而复失。383 年，前秦统一了北方以后，发动进攻东晋的淝水之战。在这场战役中，东晋谢玄率领 8 万军队大胜北方前秦号称的 80 余万大军。这是一场关键战役，虽然延续了南北分治局面，但也使数千年形成的中华核心文化得以在南方延续和发展。420年，东晋大将刘裕自立为帝，建立宋，取代东晋。东晋结束以后，中国步入南北朝对立的时代（420—589 年）。

秦汉时期，中国的汉文化对日本和朝鲜影响深远。汉朝时期，陆上和海上“丝绸之路”开通以后，中国的丝绸大量远销西方，成为罗马富有贵族喜欢的衣料。中国的铁器和漆器等也输入西方。罗马帝国的玻璃器皿、毛织品，印度的宝石、香料等进入中国。佛教在西汉晚期东汉初年传入中国。古代丝绸之路将亚欧大陆东西两端直接联系起来，使世界古老文明和国家所在的亚非欧三个大陆更广泛地联系起来。

先秦至魏晋南北朝时期，中国的思想文化和科学技术取得了卓越成就，很多成就在世界历史上占据重要地位。春秋战国时期，各家学派纷纷创立，出现百家争鸣局面。影响最大的是儒家、墨家、法家和道家，与几乎同时期的希腊哲学思想和印度佛教思想遥相呼应，成为人类历史上“第一次精神觉醒”的代表。汉代罢黜百家，表彰六经，儒学一统天下的局面形成。到魏晋时期，儒学一统的地位开始动摇。儒家和道家相融合，产生了“玄学”，对儒家思想是一种突破，但也造成清谈误国的恶果。佛教传入中国以后，在魏晋时期，形成与儒家、道家和玄学思想合流的趋势，实现了佛教思想的中国化。之后，儒家、道家和佛教思想在中国历史上长期延续下来，产生了广泛影响。

中国人在文化上取得了丰硕成果。《诗经》是中国最早的一部诗歌集。《离骚》《过秦论》《孔雀东南飞》《木兰辞》等，都是重要文学成果，有的更是脍炙人口。《史记》是中国历史上第一部通史性纪传体史书，开创了以人物为中心的纪传体新体例。《汉书》是中国第一部体例完整、内容丰富的断代史。中国清华简《算表》是目前所知世界上最早的十进制乘法表。《九章算术》关于分数概念及其运

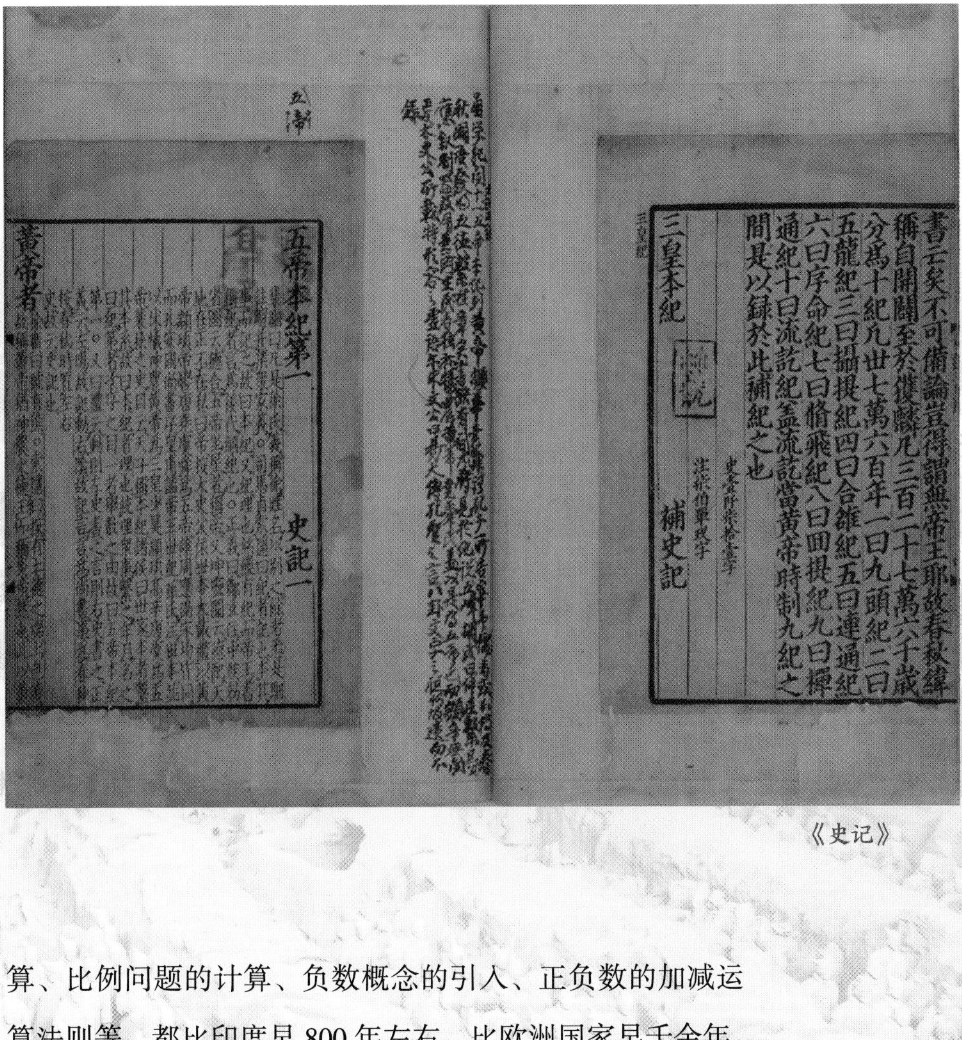
書云矣不可備論豈得謂無帝王耶故春秋緯
稱自開闢至於獲麟凡三百二十七萬六千歲
分爲十紀凡世七萬六百年一曰九頭紀二曰
五龍紀三曰攝提紀四曰合雒紀五曰連通紀
六曰序命紀七曰脩飛紀八曰回提紀九曰禪
通紀十曰流訖紀蓋流訖當黃帝時制九紀之
間是以録於此補紀之也

三皇本紀　補史記

五帝本紀第一　史記一

黃帝者

《史记》

算、比例问题的计算、负数概念的引入、正负数的加减运算法则等，都比印度早 800 年左右，比欧洲国家早千余年。祖冲之在世界上第一次把圆周率数值算到小数点后七位数字。华佗发明的麻沸散，比西医麻醉药的使用早 1600 多年。中国在汉朝就已经发明了造纸术，是中国人民对世界文化发展的伟大贡献。秦始皇陵兵马俑阵容宏大，形态逼真，被誉为“世界第八大奇迹”。

秦始皇陵兵马俑

4. 希腊城邦的往事

公元前 11 世纪至前 9 世纪，是古希腊由君主制社会向城邦社会转变时期。希腊城邦在公元前 8 世纪至公元前 6 世纪广泛形成，其突出特征是公民集体统治，实际上是奴隶主阶级集体统治。在众多城邦当中，最具代表性的是斯巴达和雅典。

公元前 8 世纪，斯巴达通过征服和改革，逐渐形成城邦国家，实行双王制，双王的权力受到极大限制，只是两位国家高级公职人员而已。斯巴达公民从出生之日起就接受严格的军事训练和教育，被培养成遵纪守法、勇敢坚毅的公民和优秀军人。斯巴达军队长期称雄希腊战场。

大约公元前 9 世纪末至前 8 世纪初，雅典建立了以君主为首的世袭君主制国家。公元前 7 世纪，贵族共和国建立起来。公元前 6 世纪，经过梭伦改革、庇西特拉图僭主政治、克里斯提尼改革，雅典国家完成了从贵族制向民主制的过渡。公元前 5 世纪，经过一系列改革，到伯里克利时代，雅典民主制度更加完善。然而，雅典民主制度只是雅典公民的民主，外邦人和广大奴隶以及妇女都被剥夺了参政权利。

公元前 5 世纪至前 4 世纪中叶是希腊的古典时代，希波战争是起点，伯罗奔尼撒战争是转折点。

公元前 5 世纪初，波斯人为了向希腊拓展领土，利用其统治的小亚细亚希腊城市起义之机，大举进军希腊，希波战争爆发。战争期间，发生了一些重要战役，如马拉松战役。在温泉关战役中，希腊虽然失败，但 300 名斯巴达战士的英勇壮举可歌可泣、传颂至今。公元前 449 年，雅典与波斯签订和平条约，希波战争以希腊、尤其是雅典的胜利而告终。希波战争以后，希腊世界逐渐形成了分别以斯巴达和雅典为首的两大阵营。

公元前 5 世纪下半叶，伯罗奔尼撒同盟和雅典同盟为了争霸希腊世界，展开了长达 27 年之久的战争，以斯巴达的胜利告终。战争期间，雅典城市暴发瘟疫，雅典城近四分之一的人感染并死去，伯里克利及其家人也死于这次瘟疫。战争使双方遭受沉重打击，希腊世界从此进入城邦危机时期。

希腊各个城邦在互相争斗和摩擦中走向衰落时，希腊北方的马其顿悄然兴起。公元前 4 世纪，腓力二世称王以后，实施各种改革，使马其顿从一个贫穷落后的国家转变为统一强大的国家。腓力二世被刺杀后，年仅 20 岁的亚历山大登上王位。亚历山大率领远征军，进攻波斯帝国，在几次重大战役中击败波斯国王大流士三世。公元前 330 年，波斯帝国灭亡。后来，亚历山大穷追大流士三世及其余部，进入安息境内，到达中亚锡尔河一带。他被富庶的印度吸引，侵入印度河上游，试图进军到“大地终端”。然而，在印度的战争并不顺利，损失惨重，士兵不愿继续远征，亚历山大被迫返回巴比伦城。为期十年的亚历山大远征结束，庞大的亚历山大帝国建立起来。

亚历山大将马其顿君主制与东方的君主制结合起来，统治其庞大帝国。他不满足于当时的战争成就，进一步征募和训练军队，准备

亚历山大

《掷铁饼者》

进攻阿拉伯。就在出征之前，他突然病倒，很快去世，年仅 33 岁。亚历山大是杰出的军事统帅和历史上罕见的征服者。亚历山大去世以后，帝国很快便解体，分裂为一些独立王国。王国之间展开了长期战争，为意大利半岛罗马的兴起提供了机会。公元前的最后三个世纪里，希腊文化在西亚和北非各地广泛传播，与东方文化相互影响、互相融合，客观上促进了亚非欧三个大陆的文明交流互鉴。

古希腊人创造了辉煌的文化成就。古希腊的悲剧和喜剧作品具有很强感染力。苏格拉底、柏拉图和亚里士多德的哲学思想对后世产生了深远影响。亚里士多德是一位“百科全书式”的人物，几乎对哲学、伦理学、心理学、经济学、神学、政治学、修辞学、自然科学、教育学等都做出了贡献。希罗多德、修昔底德、色诺芬的历史作品影响深远。菲迪亚斯雕刻的奥林匹斯神庙宙斯像，秀雅自然，被誉为古代世界七大奇迹之一。米隆的代表作《掷铁饼者》，表现了运动员准备发力投掷前一瞬间的姿势，极为自然准确。毕达哥拉斯是西方首先发现勾股弦定理的人。欧几里得系统总结前人成果，推导出严整的几何学系统。阿纳克西曼德绘制出西方第一张地图。科斯岛的希波克拉底被尊奉为西方医学之父，他确定的职业道德今日仍是医生们所遵循的行医道德准则。

➤ 5. 庞大的罗马帝国

古罗马位于地中海中部的意大利半岛上。大约公元前 9—前 8 世纪，古罗马形成最早的罗马城，随即进入王政时代（公元前 8—前 6 世纪）。公元前 509 年，罗马贵族共和国建立。从公元前 494 年至前 287 年，贵族与平民之间进行了长期的权利之争。经过斗争，罗马平民的地位得到提升，公民之间的团结程度加强，国家制度逐渐完善起来。

传说罗马城的建立者由母狼养大

罗马的国家制度是在对外征服过程中不断完善的。从公元前 4 世纪上半叶到公元前 3 世纪中叶，罗马完成了对意大利的统一。公元前 264—前 146 年，罗马对地中海世界发动征服战争，其中与迦太基人的三次“布匿战争”最为惨烈。迦太基是腓尼基人在北非

汉尼拔

建立的古国，而布匿是罗马人对古希腊语中“腓尼基人”一词的音译。在第二次布匿战争时期，年仅 25 岁的迦太基统帅汉尼拔，率领军队，翻越阿尔卑斯山，出人意料地出现在意大利，并取得康奈会战的大捷，极大震撼了罗马。汉尼拔在意大利征战多年，其远征活动可歌可泣，创造了古代战争史上的奇迹，但最终由于孤军深入和后续给养问题，未能实现打败罗马的宏愿。

第三次布匿战争时期，迦太基全城人民坚决抗战。罗马人围攻了两年多的时间，因为迦太基城内暴发瘟疫，才得以攻下此城。迦太基人与罗马人展开了短兵相接的巷战，历时六个昼夜，最后失败。罗马人攻下迦太基城之后，纵火烧毁建筑物，将城市夷为平地。迦太基文明湮灭了，罗马成为西地中海的强大国家。

罗马人又发动战争，征服了希腊和马其顿，并逐步征服塞琉古王国和托勒密王国，实现了对环地中海地区的征服，建立起一个地跨亚非欧三大洲的大国。

公元前 2 世纪中叶以后，虽然罗马已成为地中海世界的霸主，但内部矛盾逐渐彰显出来。奴隶与奴隶主之间的矛盾导致公元前 137—前 132 年的西西里第一次奴隶起义。起义虽然失败，但对罗马和地中海地区的影响很大。平民与大土地所有者的矛盾、兵源不足等问题也很严重。提比略·格拉古和盖约·格拉古兄弟先后进行改革，均以失败告终。马略对军事进行改革，为罗马对外征服和镇压奴隶起义提供了强大的军队保障，但也产生了一批唯利是图、经验丰富的职业军人，为后来的军事独裁统治奠定了基础。

公元前 104 年，西西里岛爆发第二次大规模奴隶起义，虽然被镇压下去，但沉重打击了奴隶主，暴露了罗马共和制度存在的问题。公元前 88 年，苏拉为了保住自己的军事统帅职位，进攻罗马。公元前 83 年，苏拉成为无限制独裁官，建立了罗马历史上第一个军事独裁政权，标志着共和政体的基本原则已被废弃。公元前 73 年，罗马爆发了大规模的奴隶起义，由斯巴达克领导，于公元前 72 年被克拉苏带领的罗马军队镇压。起义沉重打击了罗马奴隶制经济，加速了罗马向帝国过渡的步伐。

公元前 70 年代，罗马统治阶级在对外战争中逐渐形成一些势力集团。公元前 60 年，庞培、克拉苏、恺撒三人为了各自的利益和共同对付元老院，成为政治盟友，秘密结成同盟，被称为“前三头同盟”。随着克拉苏的去世和恺撒在高卢的军事成功，庞培和元老院开始走在一起，共同对付恺撒。结果是恺撒获胜。公元前 44 年，元老院任命恺撒为终身独裁官。恺撒实行独裁统治，触及到元老贵族的利益，结果被暗杀。公元前 43 年，安敦尼、

图拉真元首

雷必达和屋大维公开结成“后三头同盟”，瓜分罗马统治权。屋大维于公元前31年的亚克兴海战中打败安敦尼，成为罗马大权在握的将军。

屋大维从公元前27年开始，逐渐将各种权力集中在自己手中，建立起一种掩盖在共和制外衣下的独裁统治。公元14年，屋大维去世以后，罗马帝国先后经历了克劳狄王朝、弗拉维王朝、安敦尼王朝的统治。图拉真将罗马疆域扩大至最大，形成了一个以地中海为中心、包括了部分西欧的大帝国。哈德良在不列颠和北部边疆建起“边墙”，加强防守。

公元1世纪和2世纪，罗马帝国维持了比较稳定的统治，帝国范围内出现“罗马和平”局面，这促进了帝国社会经济发展。从公元3世纪开始，罗马陷入严重危机之中。3世纪70年代以后，罗马政治危机开始有所缓解；284年，戴克里先称帝以后，罗马结束了元首制时代，正式进入君主制时代。

为了克服罗马危机，维护和加强奴隶主阶级的统治，戴克里先进行一系列改革，尤其是实行“四帝共治制度”。他退位以后，继承者们展开了混战。323年，君士坦丁再度统一罗马，首先废除了“四帝共治制度”，加强皇帝的个人独裁统治。君士坦丁去世以后，罗马帝国又陷入混乱之中。395年，罗马帝国分裂为西罗马和东罗马。日耳曼人大举进攻和进入罗马境内，在罗马疆域内部建立蛮族国家，如西哥特王国、汪达尔王国等。在人民起义和蛮族进攻的沉重打击下，西罗马帝国土崩瓦解，于476年灭亡。

古罗马人取得了很大的文化成就。公元前450年前后颁布的

罗马斗兽场

《十二铜表法》，标志着罗马进入成文法时代，是罗马法制史上的第一座丰碑。奥古斯都时代涌现出三位著名诗人：维吉尔、贺拉西和奥维德，其作品脍炙人口、久久流传。古罗马还产生了一批史学和哲学名著，影响深远。罗马城内的圆形斗兽场体现了罗马人高超的建筑水平。

罗马帝国时期，文化领域的最大事件是基督教的产生与发展。基督教大约产生于公元 1 世纪，其基本教义符合当时的时代潮流，很快获得大批信徒支持。这对罗马帝国的统治者来说是一种威胁和挑战，因而基督教在刚刚产生的一段时间里，遭到罗马帝国统治者的镇压。到公元 3 世纪，基督教逐渐成为统治阶级可以接受和利用的宗教。313 年，罗马皇帝君士坦丁颁布《米兰敕令》，正式宣布基督教为合法宗教。基督教获得合法地位以后，以更快的速度传播开来，后来成为世界三大宗教之一。

6. 美洲的文明之星

大约 30000 年前前后就有人类迁移到了美洲，不断向着文明社会演进。到约公元前 2000 年，农耕已遍布整个中美洲（今日墨西哥地区）。中美洲人在农业村落旁边建起许多复杂的仪式中心，后来建有纪念性金字塔（不同于古埃及的金字塔，没有尖顶和覆面）、神庙以及类似于宫殿的高规格建筑。这些仪式中心不是古代埃及或古代巴比伦那样的城市，没有长期居住着社会精英、祭司和为他们服务的手工艺人。大量人群在仪式期间到仪式中心活动，然后回到村落家中居住。公元前 1200 年，奥尔梅克人建立中美洲第一个城邦。他们创作了很多具有较高艺术价值的石刻和泥塑作品，还创造了文字和历法，发明了球戏。奥尔梅克文明持续到约公元前 400 年。

在南美洲，到约公元前 1800 年，安第斯山中部地区（今秘鲁

奥尔梅克巨石头像

境内）的人们开始生产风格独特的陶器，在大型仪式中心修筑神庙和金字塔。公元前 1000 年后，安第斯山中部地区出现一种宗教，现代人以查文遗址将其命名为查文教。公元前 200 年前后，安第斯山中部及周围地区出现了一些以城市为中心的城邦，进入割据争雄的列国时期，为期 600 年。在城邦争斗过程中，地域性国家逐渐形成。莫奇卡王国大约在公元 300 年到 700 年统治秘鲁北部地区。没有文字记载这个王国的历史，但一些陶器绘画和雕塑形象地展现了王国

特奥蒂瓦坎古城的“亡灵大道”

的生活，如贵族狩猎、战士绑缚俘虏、统治者接见使臣、乞丐沿街乞讨等。莫奇卡应该只是公元1千纪安第斯中部地区的几个大国之一；几大王国处于既合作又斗争的状态。

今中美洲墨西哥境内的特奥蒂瓦坎是古代美洲最著名、最大的早期城市，是中美洲一个古国的都城。从保留下来的遗迹看，最早的建筑大约建立于公元前200年。在公元前150年至公元750年间，

这座城市十分强大。这个早期国家衰亡了，但现存遗址表明这座古城十分壮观，宽阔的“亡灵大道”和宏伟的太阳金字塔，体现出了当时美洲印第安文明的发展水平。美洲的几个早期文明，犹如文明之星火，成为后来文明发展的前奏。

大约公元前3000年开始，起源于中国华南地区的南岛语族，因贸易活动到达太平洋诸岛。公元前1500—前500年，南岛语族的一支拉皮塔人，在太平洋岛屿形成区域广大的贸易网络，建立农业村落，确立起首领等级制，近亲们组成地方贵族阶层。贵族们不断为了权力而斗争，加上人口压力，使大批南岛语族不断迁移，至公元700年迁移到众多岛屿上。

总之，公元前1000年至公元500年之间，亚非欧三大洲主要文明区快速发展，各个文明区相互之间依靠陆路和水路交通路线建立起交往关系，不同文明的人们进行越来越广泛的交流。受地理条件的阻隔，美洲和大洋洲长期处于相对独立发展状态，与亚非欧地区的文明社会缺乏交往，但两大洲的人类社会在缓慢发展，在公元前1千纪变得越来越复杂，局部地区逐渐迈向文明社会。

亚洲独领风骚的时代

古代文明社会发展表现出了文化和制度的多样性，也出现了社会形态演进的不平衡。到公元5世纪，中国已经在封建社会道路上走了数百年，亚、非、欧三大洲其他主要农业文明正经历着从奴隶社会向封建社会的转型，中美洲则处在早期奴隶社会发展阶段。总体上看，在600多年时间里，亚洲的发展处于领先地位。

➤ 1. 熠熠生辉的大唐盛世

经过几百年发展，到隋、唐、宋时期，中国社会表现出了盛况。隋朝（581—618 年）结束了汉末以来除西晋短期统一之外长达四百年之久的分裂局面，再次建立起统一的多民族国家。隋文帝杨坚吸取之前社会动乱的教训，采取了一些有利于社会稳定和经济发展的政策，使隋朝出现繁荣局面。隋朝后期，政治上出现乱象，隋炀帝杨广骄奢淫逸、穷兵黩武、滥杀无辜，引起社会动乱。隋朝存在了 30 多年，被各地起义军推翻。隋炀帝开通的大运河，有益于中国南北物资交流，有利于政府加强对东南地区的治理，促进了国家发展，在中国乃至世界运河史上占据重要地位。

唐朝（618—907 年）前几位君主充分吸取历史教训，完善制度，整顿吏治，重视民生，发展社会经济，协调民族关系，广纳外来文化。唐朝第二位皇帝李世民，尤其重视民意，充分意识到"水能载舟、亦能覆舟"的道理，实施有利于社会发展的政策，使唐朝出现繁荣局面。唐朝出现了中国历史上第一位女皇帝——武则天。武则天的用人政策扩大了唐朝统治基础，对政权巩固和发展起到了一定作用。

唐朝历史上最强盛时期是唐玄宗李隆基统治前期。在统治后期，李隆基追求享乐，沉溺于杨贵妃美色，荒废政事，宰相李林甫专权，政局开始动荡。唐朝在边境地区设置了十个节度使。在李隆基统治末期，节度使安禄山和史思明发动叛乱，为期七年。安史之乱带来

了一场大浩劫，唐朝由盛转衰，出现藩镇割据局面。唐朝末期多地农民揭竿而起，反对唐王朝的腐朽没落统治。唐朝在农民起义大潮中灭亡。

唐朝的政治、经济和文化成就都各具特色，对后世和中国周边国家产生了深远影响。唐朝改进了隋朝政治制度，实行三省六部制。唐朝改进了隋朝开始的科举制。科举制这种通过考试选拔官员的制度，扩大了统治阶级的范围和基础，在中国政治制度史上占有重要地位。唐朝重视法制构建，唐朝的律令制度是中国古代法制建设达到鼎盛的表现，为中国后世各个王朝的统治奠定了法制基础，还对日本律令制国家产生了重大影响。

唐朝文化成就显著。唐诗是人类历史上难以逾越的文化瑰宝，很多诗歌今日仍广为流传，很多诗人是我们今日熟知的，如李白、杜甫、白居易等。唐朝发明的雕版印刷术对文化传播起到了很大推

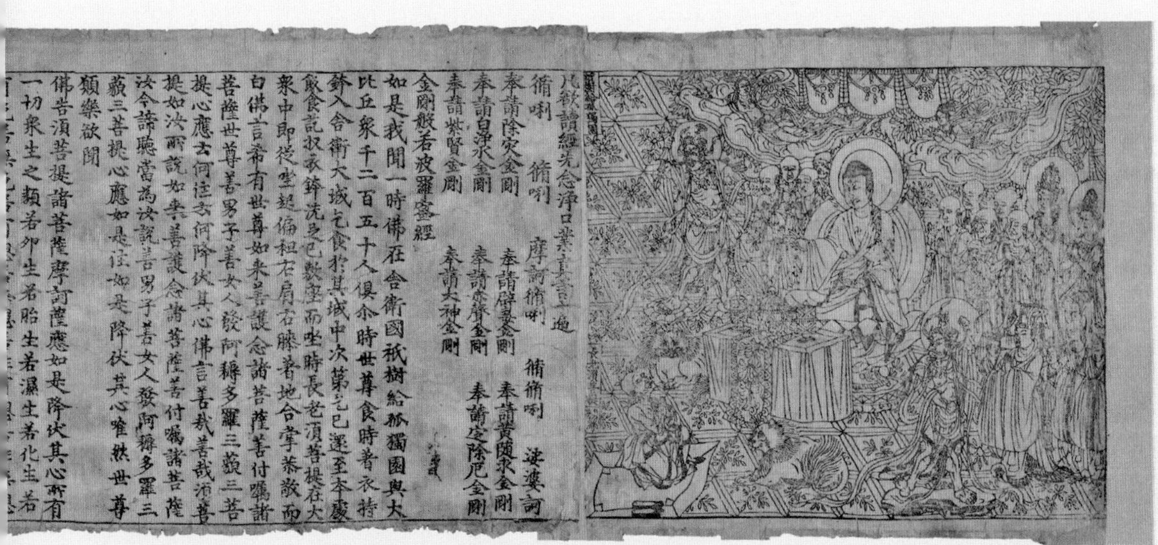

雕版印刷《金刚经》（局部）

敦煌石窟壁画

动作用，是中国对世界文化发展做出的重要贡献之一。唐朝的天球仪是世界机械天文钟的开端。唐代在绘画、书法和雕塑艺术方面都创造了独具特色的风格，很多绘画作品和书法作品充分展现了中华优秀文化内涵，敦煌石窟、云冈石窟、龙门石窟当中隋唐时期的造像尤其堪称中华文化的瑰宝，栩栩如生的造像展现了中华文化对佛教文化的吸收和本土化，体现了中华文化的博大精深和兼收并蓄。

唐朝后期，中国社会陷入分裂割据状态，五代十国就是这种局面的延续。960 年，赵匡胤建立北宋（960—1127 年）。北宋不是统一全国的王朝，还有几个与之并列的政权，如契丹人在北方建立的辽、党项族在西北建立的西夏、女真族在东北建立的金。金联合北宋灭辽后，又灭北宋。北宋王室迁往浙江杭州，建立南宋（1127—1279 年），与金对峙。北方崛起的蒙古势力先后灭掉金和南宋，统一中国。

尽管在这三百多年里全国有几个政权，战争此起彼伏，各族人民遭受战乱之苦，但中国封建社会步入了一个新阶段，文明发展达到了一个新高峰。在政治上，庶人出身、依靠科举起家的官僚士大夫群体在很大程度上取代了门阀士族，成为政治舞台上的重要力量，对后世统治阶级变化和社会人群地位变化影响深远。从经济上来看，宋朝经过王安石变法，调整了土地政策，推动了中国土地关系的发展，经济重心从北方转移到淮河以南。社会发展水平也有了很大提高，《清明上河图》描绘了宋朝经济发展之后出现的社会繁荣景象。在文化领域，宋代理学将中国古代理论思维推向新高度；书法、文学、数学、医学、绘画、建筑等都各具特色，承载着中国古代劳动

《清明上河图》（局部）

人民的卓越智慧；在中国影响世界文明的四大发明中，三项在这一时期得到广泛应用，即活字印刷术、指南针和火药。宋朝不仅广泛使用火药，还制作出火器，并运用到战场上。火器的发明使人类社会开始从冷兵器时代步入热兵器时代，这对于军事和战争的发展具有重要意义。宋朝在军事上运用火器的范围比较有限，仍然以冷兵器为主。蒙古人在学习到火器制作和使用技术之后，将其广泛用于亚欧大陆的征战之中。

2. 华风影响的亚洲国家

隋、唐、宋时期的中国在创造辉煌文化的同时，不断与周围世界交往，既以海纳百川之势，对外来文化兼收并蓄，也以天朝大国之姿，将中华文化传播到其他地区，为人类社会文明的进步注入新鲜活力。这一时期，受中华文化影响最深刻的是朝鲜、日本和东南亚国家。这些国家在学习借鉴中华文化和制度的基础上，结合本土实际情况，创造了各具特色的文明成就。

朝鲜半岛与中国山水相连，中国与朝鲜很早就有密切关系。670年，新罗统一朝鲜半岛。新罗仿照中国唐朝，建立起较完备的中央集权官僚政治制度，提倡儒学，实行科举制。新罗被高丽灭掉，朝鲜进入高丽王朝时期（935—1396年）。

高丽王朝确立了新的封建集权统治体制。中央机关下设门下省、尚书省和三司，尚书省下设吏、户、礼、兵、刑、工六部。中央官员由文职人员充任，称为文班。全国分十个道和十二个州，道和州下设府、郡、县、村等行政单位，县以上地方长官由中央任命。从这种制度中，我们可以看到中国唐朝三省六部制和地方制度的身影。1392年，高丽大将李成桂灭掉高丽王朝，朝鲜半岛进入李氏朝鲜时期。

相对于朝鲜，日本与中国的交往比较晚，但发生往来之后，受到中国的影响非常深刻。在日本国家形成前后，日本与中国有较多往来。公元5世纪，日本多次派使臣到中国，请求中国王朝授予封号。公元6世纪末7世纪初，日本圣德太子积极推动改革，向中国学习，尤其借鉴中国政府的官阶制，派遣留学生到中国学习先进文化和政治制度。他的改革为中日友好关系和日本后来的改革奠定了基础。

圣德太子派往中国的留学生，长期在中国学习，对中国唐朝的政治、经济、文化都有了深刻认知，回国以后，积极推动日本当局进行改革。孝德天皇以中国唐朝为样板，推行改革，建立起以天皇制为核心的新国家，形成以律令制为基础的中央集权国家。日本仿效中国做法，开始了官修正史的传统。720年完成的《日本书纪》是完全用汉字写成的日本第一部正史，对天皇进行赞美和神化，成为天皇绝对化的重要源头。

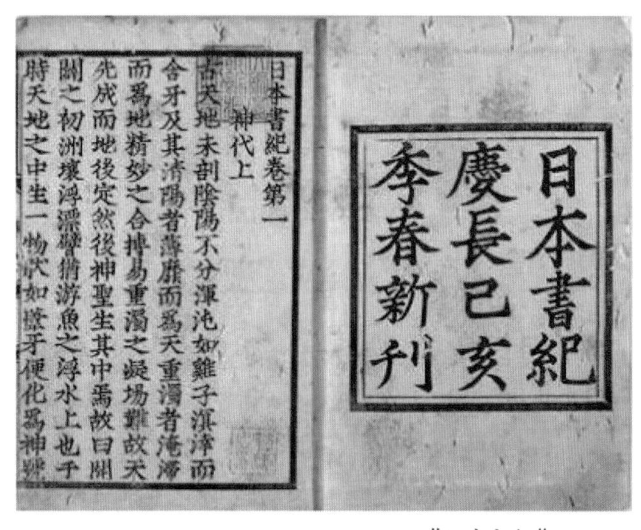
日本書紀
慶長己亥
季春新刊

日本書紀卷第一
神代上
古天地未剖陰陽不分渾沌如雞子溟涬而
含牙及其清陽者薄靡而爲天重濁者淹滯
而爲地精妙之合搏易重濁之凝場難故天
先成而地後定然後神聖生其中焉故曰開
闢之初洲壤浮漂譬猶游魚之浮水上也于
時天地之中生一物狀如葦牙便化爲神號

《日本书纪》

在孝德天皇改革以后的几百年里，日本庄园制得到发展，到13世纪成为社会经济的主要经营方式。随着庄园制的发展，地方豪强的独立性增强，社会动荡，各个庄园组建起以血缘关系和主从制相结合的军事集团，其成员称为“武士”。随着武士势力的扩张，日本出现很多武士集团，互相之间争权夺利，其势力甚至凌驾于天皇之上。武士头目源赖朝在镰仓设立将军幕府，开始了武家政权镰仓幕府的统治时代（1185—1333年），日本进入另一个发展阶段。

东南亚长期受儒家文化、佛教、伊斯兰教影响，在外来文化本土化的过程中，创造了特有文化。大约10世纪之后，东南亚的缅甸、泰国、柬埔寨、老挝、越南等地都先后形成国家，逐渐进入封建社会。越南深受中国文化影响。李公蕴建立李朝（1009—1225年）大

李公蕴

越国。李朝效仿中国唐朝，实行中央集权制，中央机构设文、武两班，辅助君主治理国家；地方分为 24 路；路下设州，州下设县、乡等行政单位。李朝使用汉字，尊崇儒学。陈朝（1225—1400 年）时期，越南开始南下扩张，逐步占领南部一些地区。

➤ 3. 笈多和戒日朝的印度

南亚次大陆的恒河流域在公元 3 世纪处于分裂状态。公元 4 世纪初，笈多王朝（320—540 年）建立。笈多王朝在第二位国王超日王（380—413 年在位）统治时期达到鼎盛，其领土扩张到阿拉伯海沿岸，控制了整个北印度。笈多王朝建立了以大王为中心的中央集权统治。

笈多王朝末期，社会陷入动荡状态，持续了很多年，戒日王朝（606—647 年）建立以后才逐渐好转。戒日王朝征服几个并立的政权之后，形成戒日帝国。戒日王继续南征北战，使北印度基本处于戒日政权统治之下。戒日王试图征服南印度，统一南亚次大陆，未能成功。戒日帝国是由许多小王国组成的松散政治联盟，戒日王是盟主。这个帝国的存在以戒日王的权威为基础。647 年，戒日王去世，帝国下属的藩国纷纷独立，帝国便解体了，北印度陷入为期 500 多年的分裂状态，北部频繁受到外族入侵。阿拉伯人在 7 世纪末侵入北印度。

笈多王朝和戒日王朝时期，统治阶级基本采取宗教宽容政策。

古代印度的婆罗门教依然在发展。公元 2 世纪，印度教在婆罗门教的基础上产生和发展起来，逐渐取代佛教的地位。笈多王朝和戒日帝国的统治者扶持佛教发展，佛教获得短暂复兴。佛教传播到中国，经由中国，逐渐传播到朝鲜、日本等国。佛教也传播到缅甸、暹罗（今泰国）、柬埔寨、爪哇等地。中国东晋时期的名僧法显和唐代名僧玄奘分别于笈多王朝和戒日王朝时期到印度求取佛法。这两个时期恰恰是佛教在印度复兴时期，两位中国高僧将印度本已失传的大乘佛教思想回传印度，也从印度获得了大量重要佛教典籍带回中国，为佛教思想的传播做出了贡献。

玄奘

➤ 4. 从半岛部落到大帝国

亚洲西南部的阿拉伯半岛长期生活着很多游牧部落，到 6、7 世纪之交，社会处于剧烈动荡和重大变革之中，阶级矛盾、民族矛盾、氏族部落之间的矛盾错综复杂，人们普遍希望过上安定的生活。穆罕默德（约 570—632 年）恰恰顺应了这种要求。

穆罕默德出生于麦加一个没落的商人贵族家庭。父亲在他出生之前就去世了，他的童年是在贫困中度过的。他少年时依靠为人放牧谋生，成年后随叔父经商，还参加过部落战争。大约 25 岁时，他与一位富有的寡妇结婚。丰富的人生经历和婚后有保障的生活使他的聪明才智得以施展。经过几年潜心研究和苦思冥想之后，他于 610 年向人们宣布，得到了真主安拉的启示，作为安拉的使者向世人传播真理：尊奉独一的真主安拉，摒弃偶像崇拜。他宣称，信仰安拉的人死后会复活，升入天堂，否则会坠入地狱。他很快吸引了很多信徒，伊斯兰教随之产生。穆罕默德的主张成为伊斯兰教的基本教义。伊斯兰教徒必须遵行宗教义务，如按教规做礼拜，捐赠一定数额的财产，参加“圣战”等。伊斯兰教的经典是《古兰经》，规定了伊斯兰教的教义。

伊斯兰教动摇了旧贵族的地位，伤害了旧商业贵族的利益，因而穆罕默德及其信徒受到麦加贵族的不断迫害。穆罕默德率领信徒离开麦加，在麦地那获得发展和壮大。630 年，穆罕默德率领 1 万大军，兵不血刃，进入麦加，迫使麦加贵族归顺。这标志着伊斯兰教在阿拉伯半岛的胜利。之后，穆罕默德征服了很多地区和部落，基本统一阿拉伯半岛。

穆罕默德去世之后，阿拉伯国家进入四大哈里发相继统治时期。第四任哈里发被刺杀之后，倭马亚家族夺取政权，建立哈里发政权，开启了倭马亚王朝（661—750 年）的统治。倭马亚王朝在镇压了内部起义之后，发动了大规模的对外征服战争，到 732 年基本上建立起了当时世界上最庞大的跨亚非欧的帝国。

到倭马亚王朝后期，哈里发腐败堕落，很多政策得不到有效实施，民族矛盾、阶级矛盾尖锐化，各地农民起义不断。倭马亚王朝的反对者阿拔斯借机建立了阿拔斯王朝（750—1258 年）。阿拔斯王朝在 8 世纪中叶至 9 世纪中叶达到极盛。9 世纪之后，阿拔斯王朝各地起义不断，致使帝国四分五裂。埃及、波斯、伊拉克等地都出现独立政权，阿拔斯王朝名存实亡。阿拔斯王朝最大的分裂政权之一是北非的法蒂玛王朝（909—1171 年）。法蒂玛王朝第四任哈里发穆仪兹，任用西西里人昭海尔为大将，率军攻下埃及，建立爱资哈尔大学和开罗城，将开罗作为法蒂玛王朝首都。在哈里发阿齐兹统治时期，法蒂玛王朝达到鼎盛。1258 年，蒙古军队攻占巴格达，阿拔斯哈里发政权最终灭亡。

阿拉伯帝国很多文化成就处于领先地位，对世界文化发展做出了重要贡献。阿拉伯人创作的故事小说《天方夜谭》（又名《一千零一夜》），在内容和写作风格上，对欧洲文学产生了广泛影响。阿拉伯帝国将中国造纸术、指南针、火药等重大发明传播到欧洲等地，

将印度数字“0”符号和十进位制传播到欧洲，使计算速度大为提升；阿拉伯人翻译了很多希腊罗马时期的经典作品，后来以拉丁语版本传回欧洲，使古典希腊文化得以保留下来，为文艺复兴以及近代自然科学的建立奠定了基础。大马士革清真寺是伊斯兰世界的经典建筑之一。

叙利亚大马士革清真寺

四

封建君主欲与教皇比高低

罗马帝国后期出现的社会危机和日耳曼民族大迁徙，导致罗马帝国分裂为东西两个帝国。东罗马帝国以拜占庭为首都，经受住了社会动荡和外族入侵的考验，有效地保留和传承了希腊罗马文化，成为东西方文化交流的中介。日耳曼人受罗马文化影响，逐渐在西欧各地建立起封建制国家。在欧洲封建制国家建立和发展过程中，基督教会是一支重要力量。封建君主与教皇之间上演了一幕幕既合作又比试高下的大戏。

➤ 1. 东西方之间的一道宝桥

东罗马帝国就是拜占庭帝国。拜占庭帝国版图在不同时期变化较大，但鼎盛时范围很广，一个时期为地跨亚非欧三大洲的封建大国。帝国的国内外贸易很发达，对外贸易尤为突出，中国的丝绸、印度的香料、埃及的粮食和草纸、叙利亚的织物和刺绣等，经由君士坦丁堡转销亚非欧各地，君士坦丁堡因此被称为“东西方之间的一道宝桥”。繁荣的经济使拜占庭帝国在西罗马帝国灭亡之后仍持续近千年。

在 6 世纪查士丁尼统治时期，拜占庭帝国出现了第一个“黄金时代”。查士丁尼在东方稳定了与萨珊波斯的关系之后，对西方进行大规模长期战争。在大将贝利撒留的率领下，拜占庭军队征服北非、意大利和西班牙等地，大大扩展了拜占庭帝国的疆土，但未能实现重建罗马帝国的愿望。

公元 6、7 世纪，拜占庭几乎是在与波斯、阿拉伯帝国的战争中度过的，拜占庭统治者号召全国军民同仇敌忾，进行“圣战”，维护领土和宗教主权，这使基督教教会和修道院掌握了大量土地。公元 8 世纪，这种状况危及世俗政权的利益。736 年至 843 年，以拜占庭帝国皇帝为首的军事贵族，展开了一场打击教会和修道院势力的“圣像破坏运动”，结果是拜占庭社会的封建制得到发展。

9 世纪至 10 世纪是拜占庭历史上的第二个鼎盛时代，拜占庭帝

查士丁尼

国一度夺回阿拉伯帝国抢占的部分领土，最终挡住了阿拉伯人、保加利亚人和罗斯人的入侵。随着封建制的发展，地主与农民之间的矛盾不断积累，从 10 世纪开始，拜占庭帝国各地出现了大规模农民起义，帝国逐渐走向衰落。

拜占庭帝国是古希腊罗马文化、基督教文化和近东文化相互交流的地方，三种文化逐渐融合并产生独特的拜占庭文化。拜占庭帝国在文化上的成就别具特色，对世界文化发展做出了重要贡献。圣索菲亚大教堂堪称拜占庭艺术的代表作。普罗科比的《战争》和《秘史》是享誉千年的史学名著。查士丁尼时期编纂的《民法大全》是一部系统完备的法律文献，对后世立法影响深远。到 12 世纪，君士坦丁堡经常举行学术讨论，吸引了大量来自西欧和其他地区的学者，使拜占庭的希腊文化向西方传播，为西欧文艺复兴奠定了基础。

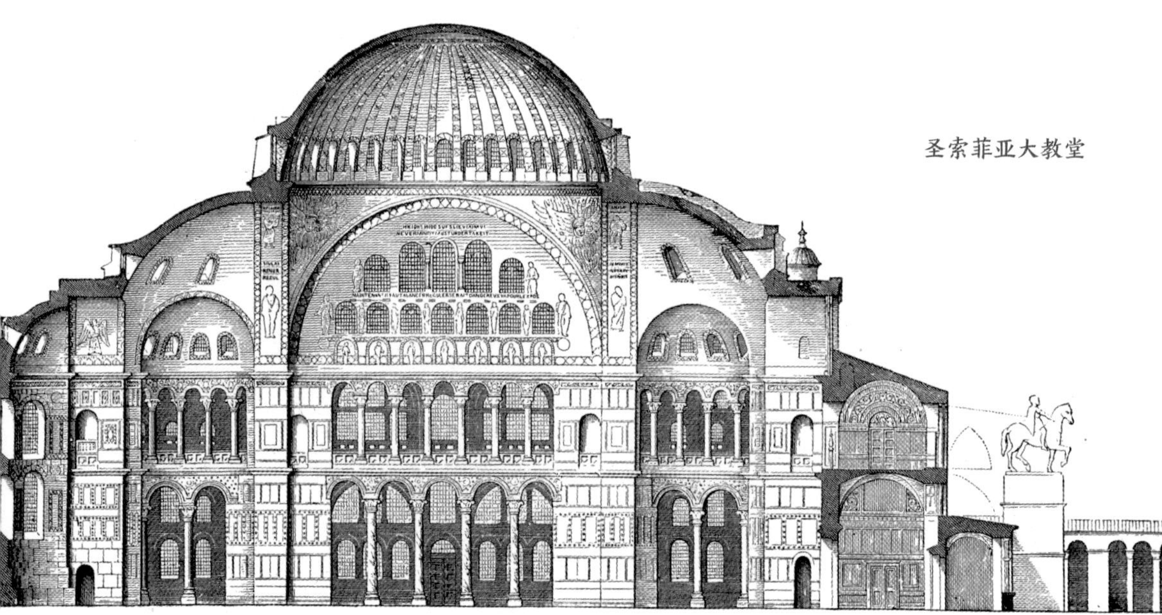
圣索菲亚大教堂

➤ 2. 东欧王国在搏击中兴起

在东欧国家封建社会形成时期，保加利亚是一个重要王国。保加尔人和斯拉夫人在共同反对拜占庭的斗争中结成同盟，于 681 年与拜占庭缔结停战和约，拜占庭承认保加利亚为独立国家，这就是历史上的第一保加利亚王国。到 10 世纪初期，保加利亚封建制基本确立起来，国力达到鼎盛。1014 年，保加利亚与拜占庭发生一次大规模会战，结果保加利亚军队大败，1.4 万名官兵成为俘虏。拜占庭皇帝巴西尔二世下令，将这些战俘的双目挖出，每一百人中保留一个人的一只眼睛，令其将失明的官兵引领回保加利亚。巴西尔因此被称为“保加利亚人的刽子手”。1018 年，保加利亚全境被拜占庭占领，第一保加利亚王国灭亡；保加利亚被拜占庭帝国统治达 170 年之久。保加利亚人不断起而反抗，于 1187 年获得独立，史称第二保加利亚王国。到 13 世纪中期，第二保加利亚王国逐渐衰落，受到蒙古军队的侵袭，不断被周围国家侵略，于 1396 年被奥斯曼国家吞并。

罗斯是东欧封建社会时期的另一个主要国家，是俄罗斯的古国阶段。这段历史要从东斯拉夫人说起。公元 5、6 世纪，东斯拉夫人迁移到东欧平原。7、8 世纪，东斯拉夫人的原始公社制解体，开始定居生活，出现阶级对立和贫富分化。这使东斯拉夫人内部的矛盾斗争非常激烈，内讧不断。他们邀请瓦里亚格人做自己的王公。882 年，瓦里亚格人首领留里克的儿子，出兵占领了另一支瓦里亚格人建立的基辅国，将罗斯都城迁到基辅，开始了基辅罗斯的统治时期。10 世纪，基辅罗斯国对外扩张，与拜占庭和保加利亚展开争夺领土的战争，一度令拜占庭纳贡，还曾占领保加利亚。一些官员逐渐接触并信奉基督教，基辅罗斯国宣布基督教为国教。从 11 世纪初开始，罗斯教会隶属于君士坦丁堡大教长。1132 年之后，罗斯国完全进入封建割据状态，全国分裂为十余个相对独立的诸侯国。

3. 封臣的封臣非我之封臣

关于西欧封建社会的形成史，我们从法兰克王国谈起。法兰克人是居住在莱茵河中下游的一支日耳曼人。4 世纪起，法兰克人进入高卢地区，与罗马人接触。在基督教教会、法兰克人和罗马人的支持下，法兰克人首领克洛维建立了法兰克王国，开启了“墨洛温王朝”（481—751 年）的统治。墨洛温王朝的中央权力有限，地方罗马贵族和法兰克人新贵族势力很大。克洛维去世之后，其子瓜分了王国，但名义上仍维持着法兰克王国的统治。法兰克王国后期的国王大多无能，被称为“懒王”，国家权力基本上被宫相独揽。宫相最初是管理王室田产的官吏，后来发展为处理国家事务的重臣。宫相查理·马特在抵抗阿拉伯人的进攻中获胜，威望大增，他的儿子丕平于 751 年称王，建立了加洛林王朝。

丕平之子查理四方征战，建立了帝国，其版图基本等同于西罗马帝国的欧洲部分。800年，罗马教皇利奥三世为查理加冕，查理被称为“罗马人的皇帝”；查理也被称为“查理大帝”或“查理曼”（“伟大的查理”）。查理加冕意味着日耳曼文化、基督教文化、罗马文化、希腊文化的融合，在历史上具有重要意义。查理的儿子虔诚者路易去世之后，罗退尔即位，他的兄弟日耳曼路易和秃头查理反对他，战争不断。843年，三兄弟缔结凡尔登条约，瓜分了帝国。日耳曼路易获得莱茵河右岸地区和巴伐利亚，地理范围与今日德国西部差不多。查理统治地区与今日法国相当。罗退尔得到其他地区，包括后来的意大利北部和中部。

查理大帝

需要特别说明的是，法兰克王国在封建制度上确立了一种模式，即“采邑”与“封臣”相结合的方式。在法兰克王国统治时期，西欧社会并不太平，王权较弱，地方豪强势力较大且相互斗争，盗匪横行。为了维护自己的地位，国王和贵族都豢养一批武装家丁，以保卫自己和进攻别人。最初这些家丁由主人供给衣食装备，后来从主人那里获得一块土地耕种，用土地收入作为军役费用。这些获得土地的家丁被称为封臣，这种土地被称为“采邑”。宫相查理·马特为了提高自己的地位，蓄养了大量封臣，授予他们土地作为采邑。查理曼将封臣的范围扩大到高级官吏、主教、修道院院长等。国王被称为封君，封臣要效忠于封君。这样，君主与封臣之间建立起一种封君封臣关系，封臣通过采邑获得的土地逐渐成为世袭财产，被称为“封土”。官员和贵族再用封土建立起封君封臣关系。封臣只对自己的直接封君效忠，形成了一种“封臣的封臣不是我的封臣”的局面。基层劳动者是农民或依附农民。这就建立起一种以采邑和封君封臣关系为核心的封建制度。

9—11 世纪，整个西欧社会发生了重大变化。一是外敌的入侵。西欧社会在南、东、北三个方向受到外敌入侵。南面来的是阿拉伯人，北面来的是诺曼人，东面来的是匈牙利人。西欧各国软弱的王权无法组织起有力抵抗侵扰的军事力量，致使地方豪强更加注意固守自己的安全，分裂割据的状况更为严重。10 世纪之后，这种情况才逐渐停止。

二是庄园的发展。在西欧封建制形成时期，各国除了有王室之外，还有很多封建领主，实际上国王本身也是封建领主。这种社会结构使西欧早期封建社会表现出自身特色。庄园制是西欧封建领地上的主要经营方式。9 世纪以后，封建庄园的规模比较小，典型庄园集中在英格兰和法兰西中部。庄园往往是一个村庄，农耕时候用栅栏将土地围起来，农闲时节拔掉栅栏，将土地用作牧场。封建庄园的主要剥削方式是劳役地租，庄园土地分成领主自营地和农奴份地。农奴不同于奴隶，地位比奴隶高一些，但没有自耕农自由。领主自营地由农奴耕种，收入归领主所有，农奴依靠份地获得生活资料。11 世纪之后，西欧商业货币关系发展起来，这种庄园制的农奴劳役地租开始松动。

三是城市的出现。随着农业、手工业和商业的发展，城市在 11 世纪大量兴起，成为工商业中心和政治文化中心。城市坐落在封建领地上，封建主和国王根据领主权对城市居民进行剥削。城市并非与王权完全对立，而是封建王权的施政中心，在王权强化过程中发挥了重要作用。

➤ 4. 欧洲君王与教皇的较量

11 世纪至 13 世纪，西欧上演了皇权与教权的争斗大戏，舞台主要在德意志、法兰西和英国。

最初德意志皇帝凭借强大的军事力量，控制了罗马教皇和教会势力。随着庄园制的发展，农民渐渐依附于庄园。德意志皇帝难以组建农民军队，日趋衰落。同时，教会的财产越来越多，实力越来越雄厚，开始谋求更多权力。11 世纪中叶，一批激进教士强调教皇拥有至高无上的地位，在全欧洲范围内向世俗政权和国王进攻。

教皇格里高利七世

1059 年，拉特兰宗教会议宣布教皇在教会内部选举产生，不再依靠世俗国王的支持，并与很多自治城市结成同盟，这威胁到了德意志皇帝的利益。1075 年，教皇格里高利七世召开宗教会议，规定世俗国王不得有主教授职权，次年将德皇亨利四世驱逐出教会，废除其对德意志和意大利的统治权。这得到了德意志内部一些反对派的支持，亨利四世无奈，只好到意大利向教皇苦苦哀求。他在雪中站立三天，方获得教皇召见，教皇同意恢复其教职和统治权。随即，亨利四世返回德意志，与反对派开战。他获得胜利以后，立即进攻意大利，教皇格里高利七世与援军一起逃离，客死他乡。之后，教皇与皇帝的斗争持续进行。1122 年，教皇与皇帝达成妥协，签订《沃尔姆斯协约》，暂时归于和平。后来，德意志皇帝屡次试图夺取教皇的教权，动用了大量人力物力，采取了多次军事行动，最终未能成功，皇权逐渐衰落。

加佩王朝（987—1328 年）统治初期，法兰西的地方大封建贵族享有很大权力，但国王是全国最高一级的封君。法国国王为了加强权力，不断打击其他封建贵族，夺取他们的领地，还与英国王室联姻。当然，教会的支持也是法国国王强化权力的重要保障。教会为国王在大教堂举行加冕礼和涂圣油仪式，赋予国王权力以神圣性。法国国王为报答教会的支持，帮助罗马教皇对付德意志皇帝。然而，法王在权力和地位得到巩固之后，就开始剥夺教会的一些权力。法王腓力四世开始向教会征税，甚至到意大利囚禁了当时的教皇。后来连续七任教皇都是法国人，居住在靠近法国边境的阿维农，成为法国国王的傀儡。

法国国王腓力四世

英国的发展道路略有不同。诺曼人威廉在征服过程中，建立起强大王权。他通过清查土地财产和耕作者身份的方式，提高了全体封建主对他的效忠度。12 世纪初期开始，英国国王与大封建主的关系紧张起来，偶尔也与罗马教皇意见不合。1215 年，英国封建贵族和教士起草了一份“大宪章”，旨在维护封君封臣制度和教俗封建贵族特权，限制国王的司法和行政权力。大宪章实施一段时间后，便失去功效，教皇没有取得超越国王的权力。

君主与教皇的斗争实质上是各国君主试图增强世俗权力的过程。在与教会势力斗争的同时，各国封建君主展开了对外军事扩张，这构成了 11 至 13 世纪西欧社会另一个重要现象。最值得关注的是“十字军东侵”。

11 世纪，突厥人在西亚建立塞尔柱王朝，占领了基督教起源地耶路撒冷，对前往耶路撒冷朝圣的西欧基督徒多有骚扰，这令很多西欧基督徒非常不满。他们四处宣扬塞尔柱王朝的罪恶，号召西欧各王国将圣地抢回来，进行一场“圣战”。教皇乌尔班二世不遗余力地鼓动“圣战”，激起了广泛的宗教狂热。在近两百年时间里，欧洲各路人马先后组成了九支“十字军”。1096 年，数万人规模的第一支十字军攻占耶路撒冷后，继续攻打地中海东部沿海地区，在那里按照西欧模式建立起一些小封建国家。第四支十字军不去攻打伊斯兰教徒，而是掉转矛头，攻打同样信奉基督教的君士坦丁堡。军队占领该城之后，抢劫珍宝，破坏文物，还征服拜占庭帝国的其他很多地方，建立了“拉丁帝国”。显然，这次东侵是意大利商业城市怂恿的，目的是攻击和破坏商业对手。

第一次十字军东侵时的“安条克之围”

十字军的侵略性和劫掠性昭然若揭。所谓“圣战”不过是一个幌子，掠夺东方财富才是“圣战”的真正目标；而东方相对混乱的局势，为西欧各种力量的联合进攻，提供了机会。随着埃及等伊斯兰国家日益强盛，伊斯兰军队逐渐收回被西欧基督徒占去的领土。到 1291 年，十字军东侵基本结束。十字军东侵在打击了拜占庭帝国的同时，给东方伊斯兰世界造成巨大生命和财产损失，西欧封建主则获利丰厚。

5. 教堂钟声响彻西欧

中古西欧居民大多数是基督教徒，因而基督教会对西欧社会影响深刻。西欧基督教信仰的起源地是罗马，教皇一般居住在罗马。8 世纪之前，罗马教皇的地位是名誉上的，得不到西欧教会尊崇。8 世纪 20 年代之后，罗马教皇与法兰克国王互相支持，地位得以提升。到 9 世纪，西欧地方教会为了摆脱封建君主的控制，将罗马教皇作为自己的直接领导，使罗马教皇越来越多地掌握了西欧教会势力。罗马教皇与德意志、法兰西和英国的君主，在 10 世纪至 13 世纪就权力问题展开周旋。正如前面讲述过的那样，教皇在与德意志皇帝的斗争中占了上风，而在与英国和法兰西君主的斗争中却未能占据上风。

当然，教皇与君主都是封建统治势力的代表，世俗政权与基督教会既有矛盾，也相互利用和相互支持。中世纪，基督教会很快在西欧各地发展起来，甚至边远乡村都建有很多教堂。远程旅行的商人和香客，一路上所到之处，都能听到教堂传出的钟声，广大人民处于基督教会的浸淫之中。教会主要通过宗教仪式束缚信徒，如洗礼、弥撒等。主持教区宗教仪式的是教区神甫。在这种情况下，西欧文化的主流是基督教文化，显得比较沉闷。

西欧的修道院

风云激荡的亚非欧

从 13 世纪开始，随着东方蒙古势力西进，亚欧大陆格局发生重大变化。东亚、中亚、东欧、北非各文明社会深入发展。奥斯曼国家利用拜占庭帝国衰落的时机，在小亚细亚发展起来，通过征服，建立起地跨亚非欧三大洲的帝国。西欧几个大国逐渐发展起来。世界舞台呈现出风云激荡的壮观场面。

1. 亚欧文明的碰撞

蒙古人长期生活在蒙古高原上，在与其他少数民族和汉族交往中逐渐发展壮大。13 世纪初，一个强大统一的蒙古国家建立起来，完成这一伟大历史重任的是成吉思汗。

成吉思汗原名铁木真，很小的时候父亲被毒害身亡，族众离散，生活困苦。艰难的生活锻炼了铁木真，使他养成了不畏艰难困苦、机智勇敢敏锐的性格。12 世纪末期，他在父亲昔日把兄弟和自己把兄弟的帮助下，逐渐聚集起自己的族人和部落，建立起一套坚强有力且听命于他的权力机构，紧接着在几年时间内征服了蒙古草原上

成吉思汗

的若干个大部落，最终完成了统一蒙古部落的大业。1206 年，蒙古各部落的贵族举行大会，推选铁木真为全蒙古的大汗，号称“成吉思汗”（“最强大的大汗”“最强大的首领”）。

强大统一的蒙古国家从 13 世纪初起展开了大规模征服战争，向南依次攻击西夏、金、南宋，从这些地区学会了制造和使用火器等先进军事技术。在西进过程中，成吉思汗亲率大军，经过三年多的战斗，占领了富庶的中亚国家花剌子模，将 10 万工匠送往东方，将 5 万壮丁充军，把妇孺变为奴婢。蒙古铁骑翻越南高加索山进入俄南部草原，甚至进军至第聂伯河和克里米亚半岛。1227 年成吉思汗病逝，第三个儿子窝阔台成为大汗；随之，蒙古大军灭掉金，占领基辅罗斯大部分地区，并进入匈牙利和波兰。蒙哥登上汗位之后，蒙古大军攻占巴格达城，灭掉阿拔斯王朝，还一度与埃及开战。埃及军队击退了蒙古大军。蒙哥死后，忽必烈称汗。

半个多世纪里，蒙古大军凭借骁勇善战的骑兵、军事才能强大的大汗和各路将军，利用东亚、中亚等地区相对混乱的局势，驰骋于亚欧大陆，占领了很多国家和地区，建立了世界历史上规模空前的大帝国。蒙古帝国名义上为一个庞大帝国，实际上由四个大汗国和元朝组成。四个大汗国分别是钦察汗国（金帐汗国）、察哈台汗国、窝阔台汗国、伊儿汗国。它们具有很强的独立性，与大汗的关系很松散。1259 年蒙哥去世以后，四大汗国基本上处于各自独立状态。忽必烈称帝建立元朝后，四大汗国名义上附属于元朝皇帝。

中国元朝（1271—1368 年）继承吸收了前朝的政治经济制度；在地方管理上，设置了主管西藏军政事务的宣政院，设置云南行省、管辖澎湖和台湾的澎湖巡检司等，保持农业经济。同时，元朝顽固地保留着许多落后因素，尤其在民族政策上，按照蒙古人、色目人（即西域、中亚诸民族）、汉人（契丹、女真和北方汉人）、南人的民族次序，实行野蛮统治；蒙古人和色目人掌握各种特权，汉族和其他少数民族地位低下，深受歧视和盘剥。元朝的野蛮统治，激起持续不断的起义。元朝仅仅统治了 90 多年，就被起义军推翻了。

中国的瓷器

蒙古人的征服和统治对亚欧大陆造成深刻影响。蒙古人作为游牧民族征服亚欧大陆，在与农业文明接触的过程中，迅速进入新的文明发展状态。很多蒙古人也与亚欧大陆各地人口融合。蒙古军队采取烧杀劫掠的野蛮征服方式，使很多民族遭受灾难，中亚和东亚很多地方的生产遭受破坏。蒙古军队在中亚的征服和统治使很多突厥人变成军事贵族，这为他们的兴起和奥斯曼帝国的崛起奠定了基础。蒙古扩张和庞大帝国的构建，客观上也促进了东西交通和文化交流。蒙古帝国使亚洲与欧洲之间的陆路和海路联系更广泛地建立起来，促进了亚欧各地的商品流动。例如，中国瓷器、丝绸、书籍等更多地传输到亚欧各地，其他地区的产品也输入中国。便利的交通和更广的交往使东西方文化更多地交流起来，商人、使臣、僧侣、旅行家等穿行于各地。伊斯兰教、基督教、佛教进一步传播开来。

2. 亚洲封建王朝的发展

元朝灭亡以后，东亚的中国、朝鲜和日本的封建社会向着纵深发展。明朝（1368—1644 年）建立以后，朱元璋采取一系列行政改革措施，加强皇权，如废除宰相一职、中央六部尚书直接对皇帝负责等。明朝恢复了儒学的意识形态地位和科举制度。明成祖朱棣将都城从南京迁到北京，以便于对北方的治理。到 15 世纪初期，明朝的疆域、人口、经济、皇权等都达到了鼎盛。在农业、手工业发展的基础上，商品货币关系发展起来，江南地区的商业尤其获得发展，出现了很多商人集团。随着商品货币关系的发展，按职业划分户籍的制度引起了人们

朱元璋

不满，甚至出现人口逃亡现象。明成祖时期成立东厂，由亲信宦官担任首领，东厂掌握很大的军权，充当了君主的密探组织，逐渐出现宦官专权、东厂欺压官员百姓的情况，引起社会极大恐怖情绪。到 15 世纪中叶，明朝统治暴露出重重矛盾和危机。

在朝鲜半岛，李朝建立后，李成桂采取各种措施，加强了中央集权统治。国王拥有至高无上的权力，集军事、行政、立法、司法等大权于一身。中央设立议政府，作为国王的辅助机构。议政府下设吏、户、礼、兵、刑、工六部。地方设道、州、府、郡、县等各级行政单位。地方各级官员一律由中央任命。李朝与中国明朝和日本交好。15 世纪中期，在农业和手工业经济发展的基础上，朝鲜商品经济显著发展起来。15 世纪后半期，朝鲜土地兼并加剧。农民与封建地主的矛盾激化，农民起义此起彼伏。统治阶级内部党派斗争不断，严重削弱了中央集权统治。

从 12 世纪开始，日本进入武家政治时期。源赖朝建立镰仓幕府，这是日本历史上第一个武家政权，其最高职位是“征夷大将军”，职权由天皇任命。在幕府内部，将军与下属之间建立起主从关系，以恩赐和尽忠为纽带，成为日本政治的特殊基因。日本的另一个重要武士政权是室町幕府（1336—1573 年）。这个政权在成立时就面临内战，到 14 世纪末结束了长期内战，完成了统一。但 1467 年，各地领主为了争夺将军继嗣之位，爆发了一场持续 10 年之久的全国性大混战，20 多万武士参与到内战中，几乎所有领主都参战了。室町幕府时期，动乱不断，庄园经济被破坏，农民从庄园解脱出来，逐渐发展为缴纳实物地租和独立经营的小农。16 世纪，城市商业市民与葡萄牙和西班牙商人建立贸易关系，加速了日本的商业化。这为日本统一和近代改革提供了条件。

在印度，1206 年，德里苏丹国建立，统治印度北部地区。这是印度历史上第一个较为稳固的伊斯兰教政权，先后经历了五个王朝，共 320 年。德里苏丹国兴起之时恰恰是蒙古军队南侵之际，抵抗住了蒙古大军的几次攻击。德里苏丹国的统治者是由信奉伊斯兰教的突厥人、阿富汗人和波斯人以及印度土著王公贵族组成的军事贵族集团，广大印度人是被统治者。伊斯兰教与政权紧密结合起来，印度传统统治方式发生变化。苏丹是全国最高统治者，集君权和教权于一身。苏丹的选任主要由军事贵族集团把持，并非世袭。苏丹下设若干部，分管税收、司法、军事等，税务部长官维齐尔具有较大权力。地方划分为若干省，省长直接隶属于苏丹，省下设有两级行政单位，基础组织是村。国王掌握着一支规模较大的常备军。德里苏丹国存在着严重的宗教矛盾和民族矛盾，伊斯兰教教徒和印度教教徒、外来统治者和本土人的矛盾，随着时间推移表现得越来越明显。德里苏丹国在整个 15 世纪一步步走向没落，于 1526 年结束。

奥斯曼人是西突厥人的一支，因蒙古军队西征而向西迁徙。这支部落逃入小亚细亚之后，依附于当时塞尔柱突厥人建立的罗姆苏丹国。1290 年，奥斯曼继承父亲的首领职位。之后，奥斯曼打着“圣战”的旗号不断攻打拜占庭边境，队伍不断壮大，威胁到了拜占庭在小亚细亚的统治。拜占庭联合伊儿汗国，予以打击。罗姆苏丹国分裂之后，奥斯曼建立独立国家。奥斯曼去世以后，他的后继者进行了长期征服战争。奥斯曼国家逐渐占据了西起欧洲亚得里亚海和匈牙利

穆罕默德二世

平原东到亚洲幼发拉底河的广大地区。穆罕默德二世于 1453 年指挥 17 万大军和数百艘战船，攻克君士坦丁堡，灭亡拜占庭帝国，实现了奥斯曼历代统治者的夙愿。奥斯曼国家进入了一个新的扩张时期。

世界历史上大国衰亡往往会事先出现“亡国之势”。拜占庭帝国这个曾经雄踞亚欧大陆的世界大国，1453 年寿终正寝之前，已长期被强敌围困；君士坦丁堡一城孤悬，外无驰援之军，内无图强之力；内部分裂，投降派活跃。这样的“亡国之势”往往势不可当！

3. 东北部非洲的变迁

从 13 世纪到 16 世纪，非洲大陆风云变幻，几乎可以用“变化无常”来形容。埃及在马穆鲁克王朝（1250—1517 年）的统治就是最好的实例。马穆鲁克的意思是“奴隶”，是指中世纪阿拉伯军队中的突厥奴隶。突厥人早在 5 世纪从中亚往西迁移，过着游牧生活。8 世纪，阿拉伯人向东扩张，统治中亚地区，大量突厥人沦为奴隶。突厥奴隶骁勇善战、吃苦耐劳，被阿拉伯人纳入军队，编为军团，名为马穆鲁克军团，意即奴隶军团。从阿拔斯王朝开始，阿拉伯统治者重用马穆鲁克，以对抗阿拉伯和波斯贵族。马穆鲁克军团的地位得到极大提高，他们的势力也越来越壮大。他们在埃及建立了半独立的图伦王朝和伊赫什德王朝。阿尤布王朝的建立者和其后裔也是突厥人。马穆鲁克王朝是继阿尤布王朝之后的独立王朝。

马穆鲁克

马穆鲁克王朝统治了 260 多年，共有 47 位苏丹相继执政，平均执政时间不足 6 年。这是由马穆鲁克王朝独特的制度造成的。这种制度是这样的：苏丹常常本身就是马穆鲁克，领导着最大的马穆鲁克家族。苏丹和其他马穆鲁克家族的族长到市场上购买年龄很小的突厥奴隶，使他们变成马穆鲁克家族的成员，接受伊斯兰教教育，获得战争艺术训练，尤其是马术训练。当教育结束且成年时，突厥奴隶获得自由，通常继续在主人对骑士的训练中服务，变成军官。之后，他可以构建自己的家族。他能获得多大权力，关键在于他能购买多少马穆鲁克。这种制度独特性的关键在于它不实行世袭制。几乎所有成员最初都是同代人。马穆鲁克的儿子们或许某一天被给予较高政府职位，但他们不能进入马穆鲁克阶层。唯一变成马穆鲁克的方式是作为奴隶被购买，然后通过一个马穆鲁克军事家庭晋升。当一个马穆鲁克死亡，他的遗产被再分配给其他马穆鲁克。

尽管这种特殊的制度使强大的马穆鲁克之间互相倾轧、争权夺位、轮流操纵政局，但马穆鲁克王朝不失为埃及中世纪时期的鼎盛阶段。一些统治者是很有作为的苏丹，如第四位苏丹拜伯尔斯。他是马穆鲁克王朝的真正奠基人，以抗击蒙古军和十字军而著称。蒙古军队在旭烈兀率领下，攻占巴格达以后，进军埃及，埃及危在旦夕。面对如此局势，驻守在叙利亚北方的马穆鲁克军团统帅拜伯尔斯主动摒弃前嫌，与埃及当时的苏丹古突兹讲和，带领军团返回埃及。两军会合一处，与蒙古军在阿音扎鲁特展开一场拉锯战。这次战役异常惨烈，死伤无数，横尸遍野，伊斯兰军队凭借顽强的毅力获得胜利。战争胜利以后，古突兹背信弃义，没有履行对拜伯尔斯的承诺。拜伯尔斯一怒之下，将古突兹杀掉，在开罗登上苏丹之位。他为了提高自己在伊斯兰世界的地位，获得更多合法权益，迎接阿拔斯王朝后裔到开罗任哈里发，恢复了哈里发制度，但哈里发只是傀儡，唯一职责是为苏丹主持就职仪式。拜伯尔斯就任苏丹以后，便着手重建陆军和海军，加强军事实力，以抗击蒙古军。拜伯尔斯攻打地中海东岸十字军占领的城市，不仅扩大了领土范围，还为埃及赢得了一个安定和平的社会环境。

马穆鲁克王朝后期的苏丹绝大多数软弱无能，但却骄横暴戾、昏庸无度，马穆鲁克王朝一步步走向没落。1348 年，鼠疫从欧洲传入埃及，持续 7 年之久。据统计，仅仅开罗一城死于鼠疫的人就多达 30 万。这使马穆鲁克王朝更加衰弱。新航路开辟以后，叙利亚和埃及港口失去了原来的意义，埃及马穆鲁克王朝的重要岁入来源丧失，这对于埃及来说是致命打击。就在这个时期，奥斯曼帝国强大起来，最终把埃及变为自己的一个行省。

马穆鲁克王朝时期，埃及经济发展程度完全可以从开罗的盛况中看到。中世纪历史学家伊本·赫勒敦在开罗度过了人生的最后几年。他写道："人们能够想象的东西总是超越其看到的东西，因为想象的空间更大，但开罗除外，因为它超越人们能够想象的一切事物。"他著有 7 卷本《伊本·赫勒敦史》，影响了后来

伊本·赫勒敦

很多历史学家，这也是当时埃及文化繁荣的体现。

从埃及往南，进入中南部非洲，这里发生了重大变化。苏丹是距离埃及最近的地区，在古代名为努比亚，长期与埃及保持密切往来关系，彼此在文明交流互鉴中发展。麦罗埃王国在公元 1 世纪前后强盛起来，6 世纪中叶接受了基督教。8 世纪中叶，阿拉伯人进入努比亚，13 世纪征服努比亚全境，努比亚进入阿拉伯化时期。

大约公元前后，阿克苏姆王国在埃塞俄比亚高原兴起，在公元 4 世纪达到鼎盛，曾征服努比亚。12 世纪，埃塞俄比亚高原南部的阿高人建立扎格维王朝（1137—1270 年），实行君主制，信奉基督教。16 世纪，埃塞俄比亚人民先后展开了对抗阿拉伯人、奥斯曼土耳其人、葡萄牙人入侵的斗争，维护了国家领土完整。

阿克苏姆遗址

在东非沿海地带，索马里和桑给巴尔历来是贸易发达地区。索马里曾先后受到努比亚、埃塞俄比亚的统治。9—13 世纪，索马里人建立强大国家。15 世纪，索马里又沦为埃塞俄比亚的附属国。16 世纪，索马里建立起新的强大国家。桑给巴尔是班图人各个城邦联合形成的黑人国家，在 15 世纪强大起来，与印度洋各国进行贸易活动。16 世纪，桑给巴尔受到葡萄牙等西方殖民列强的侵略。

➤ 4. 奋力崛起的东欧

从 11 世纪中叶至 14 世纪后期，东欧罗斯国处于四分五裂状态，各个分裂政权之间战争不断，难以形成统一力量。蒙古军队攻占基辅以后，建立钦察汗国（金帐汗国），逐渐控制整个罗斯地区。14 世纪初，莫斯科大公国在钦察汗国的扶持下发展起来。到 14 世纪中叶，莫斯科大公国经过征服和内部政策调整，发展为全罗斯最大政治势力。14 世纪中叶之后，金帐汗国内部开始分化，内斗不断，实力大为削减。莫斯科大公国利用这个机会，快速发展。1380 年，莫斯科大公国的军队与金帐汗国的军队对决于顿河，结果大胜。这是罗斯人摆脱蒙古统治的一次具有决定意义的重大胜利。14 世纪末至 15 世纪初，罗斯各公国以莫斯科为中心，形成了中央集权的统一国家。1480 年，金帐汗国在腹背受敌的情况下，放弃了对莫斯科大公国的进攻，对罗斯 200 多年的统治结束。莫斯科大公国成为独立统一的中央集权国家。随后，伊凡三世又征服大片土地。1521 年，瓦

伊凡三世

西里三世完成了莫斯科大公国统一罗斯的大业，与西欧、北欧、东南欧以及东方诸国建立外交关系。

东欧另一个重要国家是波兰。波兰人属于古斯拉夫人的一支，在 10 世纪末形成国家。11 世纪前半期，波兰王公、军事贵族、世俗贵族、僧侣贵族侵吞土地，盘剥依附农，引起依附农起义。王公贵族依靠德意志皇帝和德意志军队的支持，镇压起义，恢复统治。重新掌权的封建贵族，未能建立起中央集权国家，反而使波兰在 12 世纪中叶至 14 世纪中叶陷入分裂状态，德意志大批移民趁机迁入波兰。14 世纪初，波兰出现了国家统一趋势，经过十几年内战，1320 年波兰国家实现统一。

立陶宛于 14 世纪中叶成为东欧强国。为了共同对抗莫斯科大公国和德意志骑士团的入侵，波兰和立陶宛逐渐走上联合道路。1569 年，波兰和立陶宛贵族签订合并条约，组成一个国家，成立一个国会，拥立由一个国会选出的国王。两个王国对内保持自治，各自保留行政机关、军队和法庭。这使波兰 – 立陶宛王国成为东欧封建强国。这个联合王国的主体是波兰。

捷克是东欧另一个重要国家。捷克人的国家长期处于德意志控制下，10 世纪末取得独立。到 14 世纪，德意志人逐渐成为捷克贵族。与此同时，德意志教士逐渐成为捷克教会和修道院的大封建主。这引起了捷克人民的反抗。天主教会设立宗教法庭，迫害“异端”，镇压人民反抗。结果，教会成为整个捷克社会矛盾的焦点。14 世纪后期，捷克人用捷克语传教，揭露德意志高级教士的腐化。这场反教会宣传的领袖是捷克教会改革思想家和爱国者约翰·胡司。

约翰·胡司认为，教会占有财产是一切罪恶的根源。他主张教会财产归国家所有，教权应该服从世俗政权等。这些主张符合世俗政权的利益，因而胡司最初的改革主张得到宫廷的保护。1412 年，教皇为了搜集军费，派人到捷克兜售赎罪券，引起人民强烈抵制。胡司认为，这是教廷犯下了不能容忍的罪行。胡司的言行引起罗马教皇和捷克天主教会的仇恨。宗教会议“审判”胡司，在不允许胡司作任何辩护的情况下，将其逮捕定罪。1415 年，教廷以“异端”罪名对胡司执行火刑。胡司因为反对罗马教皇、反对教会、挽救国

约翰·胡司雕像

家而献出了宝贵生命，被视为捷克爱国人士。

罗马教廷处死胡司这件事情点燃了捷克人的极大怒火。经过一段时间的酝酿，1419 年 7 月爆发了大规模农民起义，参加起义的群众自称胡司的信徒，故名“胡司战争”。起义军不仅捣毁教堂、修道院，没收其财产，还占领市政厅，掌握布拉格世俗政权。然而，在取得初步胜利以后，起义队伍内部根据各自利益和斗争目标而分化为温和派和激进派。在后期的战争中，罗马教皇和德国皇帝采取分化瓦解起义军的策略，满足了温和派的要求，并鼓动温和派攻打激进派。1433 年 5 月，温和派发动反对激进派的战争，激进派因为内部出现叛徒而失败，几乎全军覆没，首领壮烈牺牲，余部仍坚持战斗，直至 1452 年。

轰轰烈烈的胡司战争没有被敌人打败，却因内部分化和叛变而失败，教训令人深思。这场战争是欧洲历史上到当时为止纲领最鲜明、军队组织性和斗争坚韧性最强的起义，给予德皇和教皇以沉重打击，保证了捷克一段时期的独立，促进了捷克发展，也对欧洲尤其德意志后来的宗教改革和农民战争产生深远影响。

5. 蓄势待发的西欧

14 世纪开始，西欧社会出现危机，也有自我调整。1314—1316 年，西欧连续三年农业歉收，大批城市居民因缺粮而饿死，饥荒促使封建主和国王之间为了争夺资源而发动战争，进一步加重了城乡人民的灾难。瘟疫和虫灾也在 14 世纪和 15 世纪前半叶肆虐西欧；1348—1349 年的“黑死病”更是横扫欧洲，成千上万人丧失生命。这导致西欧人口锐减，劳动力短缺，西欧农业田地出现杂草丛生的荒凉景象。然而，14、15 世纪，西欧生产技术有所改进，如铁器的广泛使用，风车、水车装置的改进；来自亚洲的先进科技，如指南针、火药、造纸术、印刷术的采用和改进促进了西欧经济社会的发展。先进农业生产工具的采用，促使西欧农业有所复苏，也使农业、畜牧业和手工业很好地结合起来，奶、肉、蜂蜜等食物的比例越来越高，谷物的比例降低，更多土地被用于畜牧，以生产手工业所需的羊毛等原材料。手工业因此发展起来，采购手工业品和农产品的商人越来越富有。银行业在此基础上兴盛起来，意大利、英国等地出现了很多大银行家，如意大利佛罗伦萨的美蒂奇家族，这些大银

佛罗伦萨

行家常常借钱给贵族和国王。

城乡商品货币关系的发展，从整体上促使了西欧封建庄园的衰落。随着农业产品价格的下降，庄园经营农业越来越得不偿失，因而很多庄园将土地分成小块儿，租给农奴耕种，收取货币或实物地租，不再自己经营；有些庄园主将农业土地转变为果园、牧场等，以产出更适合社会需要的经济作物，实现农产品的商业化，从中取利。当然，也有一些庄园主借机扩大或保持自己的庄园。总体来看，庄园制出现衰落。大量庄园农奴通过释放、逃离和赎买等方式，获得解放，成为自由农民。虽然农民获得自由，但大小封建主依靠各种方式盘剥农民，农民负担更加沉重，部分农民到城市谋生；小封建主阶级获得土地，使自己的生活有所改善，但也受大封建主剥削，不满意现状。

城市出现了分化，师傅的位置不再传给徒弟，而是世袭，徒弟得不到升任师傅的机会，这样两者形成了封闭的团体和对立的群体。帮工、受雇佣的人、流浪汉、破产师傅等都成为城市下层群众。城市贵族之间的矛盾、上层与下层的矛盾、城市与乡村的矛盾、乡村地主与农民的矛盾，交织在一起。

西欧教会也在盘剥广大人民群众。人民群众对其痛恨有加，希望建立一个平等幸福的王国。农民起义的领袖利用了人们的这种情绪，使农民起义带有宗教色彩。例如，1304—1307 年，意大利多里奇诺农民起义就是这种情况。多里奇诺是使徒兄弟会成员，他号召实现千年王国，消灭教皇、主教和僧侣等。起义群众受到他的号召，破坏教堂和庄园，修建军事工事，四年之后才被镇压下去。

中世纪欧洲庄园

法国的扎克雷起义发生在1358年，扎克雷是“乡下佬”的意思。这场起义提出了“消灭一切贵族，直到最后一人”的口号，但由于缺乏对封建主和国王的清醒认识，没有很好地组织，很快被镇压。1381年，英国广大农奴由于无法忍受沉重赋税、人头税等，宣布起义，头领是瓦特·泰勒。起义军很快攻下伦敦城，迫使国王同意废除农奴制，赦免起义军，允许自由贸易等。但在与国王谈判时，起义军领袖被杀害，起义军很快被镇压。农民起义虽然失败了，但打击了封建制度，促进了社会的发展变化。

等级代表会议是西欧封建社会发展史上很重要的历史现象，以英法两国表现最为明显。等级代表会议是英法两国加强王权的结果，是在国王控制下并为国王服务的，是国王政府的一个组成部分。

英国等级代表会议或国会产生于13世纪。1265年，大贵族召开国会，讨论国家大事，除了教俗大贵族，还有骑士和市民代表参加这次国会。这是英国国会允许骑士和市民参加的先例。1295年，为了解决各项重大问题，英王爱德华一世召开国会，有大贵族、骑士和市民参加，被称为“模范国会”。在接下来很长时间里，骑士和市民在国会的作用微乎其微，主要决定权在国王和大贵族手里，而且大贵族经常召开会议，无须骑士和市民代表参加。直到爱德华三世在位时，骑士和市民代表参加国会才成为一项稳定制度，每年召开两次，春秋各一次。到14世纪下半期，国会逐渐分化出由大贵族组成的上院和骑士与市民代表组成的下院，上院和下院单独召开会议。

法国等级代表会议称为三级会议，由教会贵族、世俗贵族和市民代表三个等级组成。1302 年，法国召开第一次三级会议，商议财政问题，是腓力四世召开的。法国三级会议的最重要议题是税收，也就是说，当国王要征税时，才召开三级会议。可见，三级会议的权力有限。1439 年，三级会议为了全力支持国王与英国打仗（百年战争），认可国王可以不经过三级会议同意而征收新税的权力。这使国王的财政权力大大增加，导致国王基本上在一段时间里停止召开三级会议。

英法百年战争是 14—15 世纪西欧历史上的大事。在中世纪历史上，英法两国关系始终比较复杂，既有友好，也有战争。1337—1453 年，两国围绕王位继承问题、领土争端等，展开了“百年战争”。

百年战争中的“普瓦捷战役”

在百年战争中，英国是失利的一方。1453 年，英法百年战争结束的时候，英国只在法国保有加莱这一个港口，全部军队撤出法国。法国国王之后又经过多年努力，于 15 世纪末年完成国家统一。百年战争之后的英国封建贵族集团陷入两大派别的战斗之中，持续了 30 年，最终都铎家族的亨利取得战争胜利，夺取英国王位，英国开始了都铎王朝的统治时期（1485—1603 年）。

13—15 世纪西欧的另一个重要国家是德意志神圣罗马帝国。在中世纪，帝国是一个比较虚的存在，各地国王或诸侯掌握的地区才是真实有效的统治单位，国王或诸侯之上的皇帝拥有非常少的权力。神圣罗马帝国虽然在表面上拥有对德意志、意大利、波希米亚等地的统治权，实际上只对德意志地区拥有世俗统治权。德意志神圣罗马帝国的皇帝们曾长期与罗马教廷争夺权力，结果不但没有加强皇权，反而使皇权衰落。

神圣罗马帝国的分裂状态到腓特烈二世（1211—1250 年在位）统治时期明晰化，他的继任者康拉德四世（1250—1254 年在位）碌碌无为，对帝国发展没有发挥多少作用。康拉德四世去世以后，德意志各派诸侯争斗激烈，在 20 年内没有出现各方认可的皇帝。这个时期被称为“大空位时期”。在这个时期，形成了选举皇帝的选侯团，由 7 个诸侯组成。经罗马教皇调节和支持，哈布斯堡家族出身的鲁道夫选举获胜，成为神圣罗马帝国皇帝，为鲁道夫一世（1273—1291 年在位）。这样，皇帝由选举产生的原则牢固确立起来，也宣布了德意志神圣罗马帝国内部分裂割据局面的合法化。为了防止罗马教皇干涉德意志皇位选举，更是为了把皇帝选举权力法律化，

1356年，德意志皇帝查理四世颁布《金玺诏书》（又称《黄金诏书》），明确规定德意志皇帝由选侯选出，教皇不得兼任代理皇帝，确认了诸侯享有的一切特权，完全肯定了诸侯在邦国内享有的独立地位。

《金玺诏书》

德意志神圣罗马帝国皇帝和选侯是德意志大封建领主的代表。在大封建领主发展的同时，德意志还有一批中小封建主，他们逐渐在对抗大封建主的过程中，结成一些同盟，如骑士同盟，但这些同盟很快便被大封建领主征服，逐渐衰落下去。《金玺诏书》颁布时，德意志还有约80个城市处于帝国城市的地位。这些城市一边利用帝国城市的地位与大封建领主斗争，一边又互相结成同盟，达到发展和对抗封建领主的目的。1358年成立的汉萨同盟就是其中之一，鼎盛时有160个以上的城市加盟。这种城市同盟是形式松散的组织，没有共同的财政机构、军队和官员，战时共同出资组建临时军队。因而，这些城市和城市同盟逐渐被大封建主制服。

中世纪的意大利没有形成统一国家，处于四分五裂状态。北部意大利长期是（德意志）神圣罗马帝国的一部分，13 世纪中期脱离帝国统治之后，发展出来一些城市共和国。中部意大利主要是教皇的领地，也有一些重要城市共和国。南部意大利在 14、15 世纪成为法国和西班牙争夺的对象。

14、15 世纪，意大利最主要城市共和国是热那亚、威尼斯和佛罗伦萨。热那亚和威尼斯是以贸易活动为中心的城市共和国，而且两者长期争夺地中海贸易特权。13 世纪到 14 世纪中期，热那亚处于优势。1380 年以后，威尼斯超越热那亚，进入鼎盛发展期，但在 15 世纪因奥斯曼帝国扩张而受到影响。佛罗伦萨的主要产业是手工业和银行业。佛罗伦萨的毛纺织业在中世纪欧洲占据重要地位，14 世纪时拥有纺织工场 200 余家，雇佣着 3 万余名工人。13、14 世纪，佛罗伦萨一些以大家族为核心的金融业迅速发展起来。这些家族不仅在佛罗伦萨经营信贷业务，为教会经济服务，帮助教皇收取税款，还到西欧各地开设银行，向君主和封建领主发放贷款，从中营利。

意大利城市共和国表面上是由选举产生的市议会掌握政权，实际上市议会大多被大商人、银行家把持，对城市市民进行剥削和压迫。这激起了城市下层人民群众的反抗，1378 年佛罗伦萨梳毛工起义就是其中之一。一些独裁者为了防止城市市民起义，以集中精力对付其他城市的竞争，在本城举行各种大型公共活动，建筑公共娱乐场所，提倡文化，奖励学术。这活跃了城市人民的生活，使人们逐渐从中世纪僵化、保守的文化氛围中走出来，为文艺复兴准备了条件。

西班牙位于欧洲西南角的伊比利亚半岛。阿拉伯人在 8 世纪大批进入伊比利亚半岛。到 10 世纪，西班牙在经济和文化上出现繁荣局面，首都科尔多瓦成为欧洲当时最大的城市，与君士坦丁堡、巴格达和长安并称世界四大都会。从 11 世纪开始，阿拉伯人的后倭马亚王朝逐渐衰落，甚至陷入割据混战状态。之前改宗伊斯兰教的西班牙当地人受压迫越来越深，开始反抗阿拉伯人的统治。与此同时，在 10 世纪时被阿拉伯人驱赶到北部边陲的基督徒，逐渐发展起来，于 1037 年建立起卡斯提尔王国。11 世纪，葡萄牙在半岛西部兴起，逐渐发展为实行君主制的王国。12 世纪，半岛东北部又形

科尔多瓦

成阿拉冈王国。这几个王国在13世纪展开了对伊斯兰教势力的反击，开展了西班牙历史上的“收复失地”运动。所谓“收复失地”运动是指基督教小王国对伊斯兰教势力的战争，直至最后把伊斯兰统治势力赶出西班牙。

1492年，卡斯提尔军队攻下伊斯兰势力的最后一个据点，最终完成了西班牙国家的统一大任。然而，“收复失地”过程中，大量穆斯林迁往北非，其中有大批农民和手工业者，这些人的流失对西班牙经济发展是一种损失。

中世纪西欧文化的最主要特征是浓厚的基督教文化色彩，教育、文学、艺术、史学、哲学都以诠释基督教价值观念、服务宗教信仰为主旨。当然，中世纪西欧文化不是停滞不前，也在前进，为文艺复兴奠定了基础。就教育而言，6世纪，意大利人在古典文化体系基础上提出“七艺”：文法、逻辑、修辞、算术、几何、天文和音乐；11世纪以前，西欧教育基本是初中等教育，把“七艺”作为入门教育，作为教育机构的教会学校以培养合格神职人员为主；11世纪以后，随着城市兴起，出现了以培养实用性技术人才为主的行会学校和市民学校；西欧还出现了以培养本科生和硕士生为目的的大学，如意大利的博洛尼亚大学、法国的巴黎大学、英国的牛津大学和剑桥大学等，成为医学、法学、神学等的研究中心。在文学方面，宗教文学以解释和宣传圣经故事为中心；世俗文学以《亚瑟王之死》为代表，主要宣传骑士忠贞冒险精神和对贵妇人的爱情；城市文学以乔叟的《坎特伯雷故事集》为代表，描绘市民生活的方方面面。在艺术领域，教堂建筑是最佳艺术表现形式，罗曼式教堂建筑以圆形拱顶为主要特征，以意大利比萨大教堂为代表；哥特式教堂建筑以尖形拱门为基本元素，用尖顶代替圆顶，以法国巴黎圣母院、德意志科隆大教堂、英国圣玛丽大教堂为代表。史学最初是《圣经》的阐释工具，以论证基督教的合法性为宗旨；后来出现了编年史，如《盎格鲁－撒克逊编年史》《双城史》等；12 世纪以后，随着民族意识的成长，出现了方言性质的史学作品。哲学也是以基督教为统领，以阿奎那《神学大全》为代表的经院哲学占据重要地位，对经书进行烦琐而荒谬的解释。

人类社会是不断从低级向高级阶段发展演进的，世界各国各地区的文明也是不断向前发展的。随着生产工具和科学技术的不断改进，人类社会越到晚近发展速度越快，各地区、各文明之间的联系也越来越密切。这在接下来的历史进程中更加彰显出来。

法国巴黎圣母院

封建主和资本家谁主沉浮？

15、16世纪，资本主义在欧洲兴起，封建社会在亚洲经历着辉煌。世界格局开始了新的大变动。一方面，资本主义在欧洲对封建制度形成挑战，资本家与封建主展开了权力角逐；另一方面，欧洲开始了海外殖民扩张，世界政治、经济地图处于快速变化之中。

1. 封建君主的亚洲王朝

15、16世纪，亚洲王朝仍然是封建主说了算。明朝是东亚的泱泱大国，处于上升和繁荣期，与周边一些国家维持着朝贡往来。明朝嘉靖和万历年间，海外贸易突破朝贡贸易体系限制，民间贸易兴起，中国海商足迹几乎遍布东南亚各国。中国瓷器、茶叶、丝绸销往世界各地，美洲白银和农作物流入中国。明朝中国的商品化趋势加强，出现了资本主义的萌芽。然而，封建主仍是主导者，他们仍然掌控着封建国家的发展方向。郑和下西洋是封建朝廷对外宣示天朝国威的重要举措。从1405年起，明朝派遣郑和率领庞大的船队七次探访亚非国家，前后历时20余年，到达30余国。郑和第一次下西洋比哥伦布第一次远航美洲早80多年。郑和下西洋体现了明朝的科技实力、经济实力、军事实力，体现了明朝政府对外部世界的关注和海洋意识的增强，强化了中国与亚非各国的友好交往。这是中国航海史上前所未有的壮举，也是世界航海史上的壮丽篇章。然而，郑和下西洋没有与中国经济发展有机结合起来，反而增加了国家经济负担，这是下西洋活动没能持续开展的根本原因。明朝皇帝注重开展重大文化工程，15世纪初纂修《永乐大典》时，明成祖永乐皇帝亲自撰写序言并赐名。《永乐大典》是当时世界级的宏大百科全书，全书目录60卷，正文22877卷，11095册，合计3.7亿多字，汇集了古今图书七八千种。这项工程展现了明朝的文化繁荣。

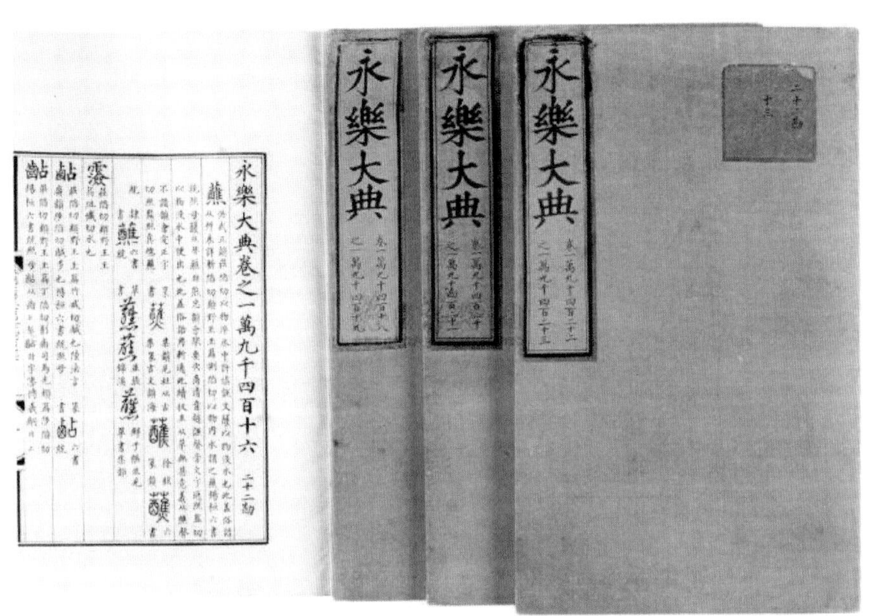

《永乐大典》

中亚地区兴起了强大的帖木儿帝国。据说，帖木儿与成吉思汗有血缘关系。帖木儿在中亚建立政权后，一直希望像成吉思汗一样建立庞大帝国。他不断发动战争，占领伊朗、阿富汗，侵入印度北部，进军西亚，打败奥斯曼国家的苏丹，建立起地跨中亚、西亚、南亚的大国。帖木儿晚年企图攻打明朝，在途中病死。帖木儿死后，其帝国也旋即陷入衰落解体之中，1507 年灭亡。帖木儿帝国促进了不同民族文化的融合，在天文学上取得了突出成就。15 世纪中叶编成的《兀鲁伯天文表》，概述了当时天文学基础理论，测定了 1018 颗星辰的方位，是当时世界上精确度很高的天文表。帖木儿帝国解体之后，伊朗进入萨非王朝统治时期；到阿拔斯一世时，伊朗成为西亚强国，萨非王朝达到鼎盛。首都伊斯法罕成为世界闻名的繁华

著名天文学家兀鲁伯

都城，一度人口多达 70 万，清真寺 160 多座，有“伊斯法罕半天下”之说。

在南亚次大陆，最大政治实体是处于衰落中的德里苏丹国。帖木儿的后裔巴布尔灭掉德里苏丹国后，建立了莫卧儿帝国（1526—1858 年）。这是印度历史上最后一个封建王朝。第三任皇帝阿克巴是一位能干的皇帝，进行了一系列成功的改革，使莫卧儿帝国走向强盛。他有一句名言：“一个帝王应该专心于征略，否则，他的邻国就会起兵打他。”莫卧儿帝国的都城阿格拉的城墙全部用红砂岩砌成，在阳光照射下呈现耀眼的红色；城里有贾汉吉尔宫、八角瞭望塔、莫迪清真寺等著名建筑。皇帝沙贾汗晚年被儿子奥朗则布囚禁于该城，最大的慰藉就是登高眺望自己为亡妻修建的陵墓——泰姬陵。阿格拉古城如此就既有艺术价值也更有历史故事了。

在亚洲西部，奥斯曼帝国以小亚细亚为中心，建立起了地跨亚非欧的庞大帝国。在一些贤能君主的统治下，经历了繁荣兴盛。奥斯曼帝国一度十分强大，叩关维也纳，威震欧洲。强大的奥斯曼帝国控制了西欧到东方的通道。这也是西欧诸国致力于开辟新航路的

莫卧儿王朝的阿格拉古城

苏莱曼清真寺

一个动因。奥斯曼帝国是政教合一的国家，苏丹是政治和宗教首脑；苏丹之下设有国务会议，由数名大臣、法官等组成；大臣称为“维齐”，辅政的宰相称为“大维齐”。伊斯兰教是国教，《古兰经》和伊斯兰教法典被奉为制定法令的依据。国家实行军事采邑制度，把大量的土地赐给功臣名将，而获得土地的采邑主则为苏丹提供军队。奥斯曼帝国的建筑受到波斯、拜占庭及阿拉伯建筑风格的影响，伊斯坦布尔富丽堂皇的苏莱曼清真寺就是这样的杰作。

2. 非洲大地的众多王国

在北非，埃及和突尼斯沦为奥斯曼帝国的行省。马格里布地区处于分裂状态，不断遭受入侵。摩洛哥在比较长的时间内维持了独立，在1578年马哈津河战役中，大胜葡萄牙侵略军，使葡萄牙国王在败退时淹死，进而收复葡萄牙占领的地区，震惊了欧洲。

撒哈拉沙漠以南非洲的发展慢于亚欧大陆和北非的国家，但也兴起了一些王国。东非苏丹地区形成了两个伊斯兰教王国，即西部的达尔富尔苏丹国和东部的芬吉苏丹国，分别存续到18世纪初和19世纪初。埃塞俄比亚持续反抗西方殖民扩张，长期保持着独立。

在西非，加纳以出产黄金著称。马里王国曾盛极一时，但16世纪以后逐渐衰落，17世纪中叶解体。桑海王国在15世纪末进入鼎盛期，16世纪末灭亡。刚果王国是非洲最重要的王国之一，15世纪中叶国家强盛；但刚果较早地遭受西方殖民侵略；15世纪末开始沦为奴隶贸易的重要据点。

津巴布韦“石头城”

莫诺莫塔帕王国是南部非洲的古国，除了今天的津巴布韦，还包括南部非洲其他一些地方，在15、

16 世纪处于全盛时期。16 世纪，葡萄牙殖民分子曾试图通过传教和武力征服的方式控制该王国，但没有得逞。由于内部分裂和欧洲殖民入侵，王国于 19 世纪后半期灭亡。

3. 印第安人缔造的文明

到 15 世纪，美洲大陆印第安人的先进地区已处于奴隶社会早期阶段，形成了三大文明：玛雅文明、阿兹特克文明和印加文明。

玛雅人在中美洲建立了大大小小的国家，人口按等级分布，顶层是国王及其家庭，其下是贵族，再下层是农民和手艺工，底层是奴隶。玛雅人种植棉花、可可、玉米、南瓜、豆类等，制作精美的纺织品。玛雅人发明了象形文字，书写在石碑、木刻、门框、壁板、长凳、阶梯上，犹如刻画。约 16 世纪，玛雅人撰写了美洲印第安民族史诗《波波尔·乌》。《波波尔·乌》表现了玛雅人对大自然、对人类命运的乐观态度，也是一部有关基切民族的神话、传说和历史的巨著，被誉为“美洲人的圣经”，是美洲乃至世界文学宝库中的名著之一。玛雅人建筑了成千上万的巨型石碑、神庙、宫殿、金字塔；有的宗教仪式中心有几个足球场大，并有 15 层楼高的建筑物。玛雅人数学水平很高，很早就独自发明了“0”的概念；他们也有很高的天文学水平，能够精确地测定太阳、月亮、行星运行的轨迹和日期。15 世纪初，玛雅文明趋于没落；而 15 世纪末叶起西班牙的殖民入侵彻底打断了玛雅文明自身发展的轨迹。

玛雅文明的石棺画

阿兹特克人生活在今墨西哥境内，15 世纪初强盛起来，通过结盟与扩张建立起强大王国。阿兹特克社会等级明确，包括贵族、平民、奴隶。阿兹特克平民和奴隶在农业生产中，发明了独特的“浮园耕作法”。阿兹特克文明的发展程度可从都城特诺奇蒂特兰的繁荣略见一斑。16 世纪初，这座城市里居住着大约 10 万人，是当时美洲最大的城市之一。城市建筑一应俱全，奢侈豪华。一位西班牙士兵曾这样描述这座城市：“当我们凝视这壮丽的一切时……我们几乎停止了思考，我们怀疑眼前的一切是不是真的。沿着湖岸是一座座繁荣的大城镇，在它们中间，还赫然耸立着更加高大的水上之城。我们的周围，不计其数的船只在湖上穿梭。每走一段路，我们就要

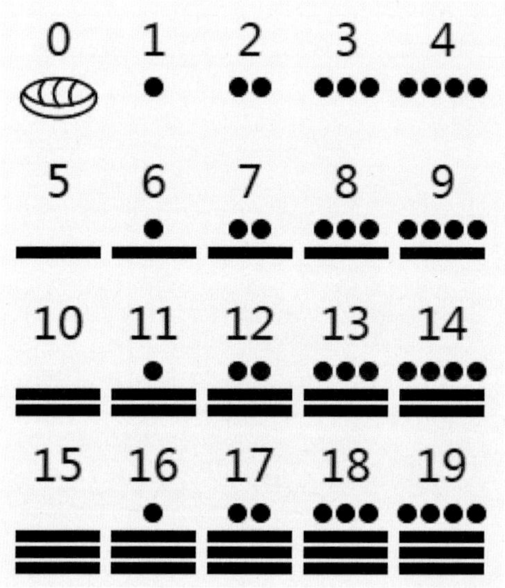

0 1 2 3 4
5 6 7 8 9
10 11 12 13 14
15 16 17 18 19

玛雅数字

经过一座新桥。而在我们的正前方，就是宏伟壮丽的墨西哥城。”阿兹特克人在日常生产生活中形成了两种历法。一种是一年 365 天，另一种是一年 260 天。两种历法配合轮转，每 52 年重合一次，故阿兹特克人以 52 年为一个历史周期。他们还在日常观察的基础上，绘制出了天体运行图。

印加人生活在今秘鲁南部，15 世纪建立起一个庞大王国，16 世纪初达到极盛，辖地约 80 万平方千米，人口估计在 600 万以上。印加人的建筑水平很高，库斯科城的石头建筑独具特色，“马丘比丘”城堡更是建筑史上的杰作。印加人在库斯科城建有天文观象台，测得地球运行周期为 365 天零 6 小时，据此制定了太阳历；根据对月亮的观测制定了阴历，一年 354 天。印加人的数学采用 10 进位制，发明了结绳记事法。

阿兹特克太阳历石

4. 欧洲资本主义的兴起

在欧洲，资本主义首先在西欧的意大利、法国、尼德兰（主要包括今荷兰、比利时）等地兴起。这与西欧的政治和社会都有密切关系。

从政治上来看，西欧地区没有形成长期、稳定、强大的中央集权国家，始终处于“小国林立”状态；一国内部也往往是中央君主力量较弱，地方诸侯拥有相当大的力量，甚至有一些自由城市。这种状况不利于建立统一繁荣强大的封建国家，却客观上有利于资本主义的萌芽和发展，有利于新生资产阶级成长。

从经济上看，14、15世纪，欧洲农业和手工业生产技术取得明显进步，社会分工进一步细化，商品生产和交换发展起来，社会生产结构发生巨大变化，形成了各具特色的工业中心和农业区，如呢绒中心佛兰德尔、甲胄制造中心米兰、西班牙羊毛产区、东欧粮食产区。各国商品货币经济取得发展，传统禁欲、充满说教的生活方式受到了挑战，挣钱成为人们的生活目的，积累贵金属货币成为各国的立国之策。

从国际环境看，西欧国家的文艺复兴、新航路的开辟以及随之展开的殖民掠夺，为西欧资本主义兴起提供了广阔市场。这一点，我们在后面详细叙述。

在欧洲城市，富裕的作坊主在商品生产竞争中，越来越有钱；包买主进入生产领域，组织集中生产，逐渐成为资本家。帮工、学徒、小生产者逐渐沦为资本家的工人，靠微薄的工资生活。在欧洲农村，货币地租取代实物地租，一部分封建领主转变为资本家，破产农民成为雇农。雇佣关系是资本主义生产关系的基础和本质特点，这种关系的出现标志着资本主义的产生。

当然，资本主义的形成不是和风细雨的，而是充满了血腥和暴力。例如，“羊吃人”的圈地运动就是英国确立资本主义生产关系的血腥途径之一。大量的农民被领主设法逐离了土地，土地被用作牧场养羊。文艺复兴时期的代表作家莫尔也曾说过：“佃农从地上被逐出，他们的财产被用诡计或压制的方式剥夺掉。有时他们受尽折磨，不得不出卖自己的家业。那些不幸的人们想尽办法，只有离乡背井了。”就是在像这样的历史进程中，逐渐形成了资本家和雇佣工人，进而形成了对立的资产阶级和无产阶级。

5. 影响世界的文艺复兴

随着资本主义生产关系在欧洲逐渐形成，民族意识逐步上升，新兴资产阶级需要确立新的文化体系。他们认为中世纪文化是一种倒退，而古代希腊罗马文化是典范。于是，他们打出了恢复古代希腊罗马进步思想的旗号，在文学、艺术、哲学、自然科学、历史学、教育学等领域，开展了一场轰轰烈烈的思想文化运动，这就是影响了世界历史进程的文艺复兴。

文艺复兴运动首先发生在意大利，进而由地中海沿岸逐渐转移到大西洋沿岸，并向欧洲其他地区延伸。

意大利文艺复兴代表人物有“文学三杰”：但丁、彼特拉克和薄伽丘。但丁的作品以含蓄的手法批评和揭露中世纪宗教统治的腐败和愚昧。《神曲》将皇帝放在最高的天堂上，将一些死去的教皇放在地狱，并在地狱中给当时还活着的教皇预留了位置。“走自己的路，让别人去说吧！”这句话是但丁对自己人文主义思想和自由独立精神的真实写照。彼特拉克的《歌集》表达了早期人文主义者追求新生活、憎恨教会的情绪。正如他自己所说：“我自己是凡人，我只要求凡人的幸福。”薄伽丘主张“幸福在人间”，他的《十日谈》讲述的就是一百个向往人间幸福生活的故事。

《神曲》

《最后的晚餐》

文艺复兴时期，意大利还涌现出了著名的“美术三杰”。达·芬奇是意大利最负盛名的美术家，他说“眼睛是心灵的橱窗”，壁画《最后的晚餐》和肖像画《蒙娜丽莎》充分体现了他对美丽心灵的认识和追求。拉斐尔·桑西以画圣母像著称，《泰拉诺瓦圣母》体现了母性的温情和青春健美。米开朗基罗在雕塑艺术上取得了卓越成就，展现了人文主义者的精神追求。

意大利的马基雅弗利撰写《君主论》，宣扬君主要具有狮子和狐狸双重本领，要像狮子那样使人惧怕，要像狐狸那样善变多谋，“为了达到目的，可以不择手段”。这种大胆表述突破了中世纪的思想禁锢，体现了资产阶级追求自由的品格，也展露了资产阶级贪婪狡诈的本性。

在法国，文艺复兴的杰出代表拉伯雷，用20年时间创作出《巨人传》，讲述两个巨人国王的神奇事迹，把现实与幻想交织起来，成为欧洲文学史上的一座丰碑。

在英国，莎士比亚的作品《哈姆雷特》《李尔王》《仲夏夜之梦》等，集中代表了文艺复兴的文学成就。《哈姆雷特》有一段经典台词："生存还是毁灭，这是一个值得考虑的问题；默然忍受命运的暴虐毒箭，或是挺身反抗人世间无涯的苦难，通过斗争把它们扫清，这两种行为，哪一种更高贵？"这一台词充分体现了文艺复兴倡导的人文精神。

《泰拉诺瓦圣母》

西班牙文艺复兴最杰出的代表人物是塞万提斯，其代表作《堂·吉诃德》讲述了一个喜欢幻想的人物，拉着邻居做自己的仆人，游走天下，行侠仗义，结果四处碰壁，临终时幡然醒悟的故事。塞万提斯嘲弄了没落的骑士制度，揭露了封建社会的黑暗及贵族和教士的专横，一定程度上表达了人民群众的情绪和愿望。

文艺复兴的精神实质是人文主义。它肯定人的价值，重视人性，打破了宗教神秘主义一统天下的局面，有力推动和影响了宗教改革运动。它打破了经院哲学主宰文化思想的局面，创造出了大量精湛的文学艺术杰作，促进了思想解放，推动了欧洲资本主义发展。

需要注意的是，虽然文艺复兴发生在欧洲，但它广泛吸收了东方文明的营养。中国和印度的科学文化成就，阿拉伯－伊斯兰文化，都对欧洲文艺复兴产生了重要影响。

6. 以“探险”为名的扩张

15 世纪，欧洲国家开始海外探险活动和殖民扩张。海外探险活动的前提和动因是多方面的。最主要的有四点：一是航海技术的发展使海外探险成为可能；二是向世界传播基督教的狂热情绪促动了探险活动；三是火器等军事技术的改进为欧洲殖民扩张提供了优势；四是获取东方商品成为海外殖民掠夺的内在动力。

葡萄牙人首先发起了大规模航海探险活动。15 世纪，葡萄牙人已多次组织沿非洲西海岸的探险活动。1488 年，迪亚士的探险队到达了非洲南端的好望角。1498 年，达·伽马到达印度西南部的卡利库特，开辟了从大西洋绕非洲南端到印度的航线。葡萄牙开始垄断欧洲对南亚、东亚的贸易。1500 年，葡萄牙船队到达南美的巴西，随即宣称发现的土地归葡萄牙。

1492 年，西班牙国王派遣哥伦布向西航行，寻找通往中国、印度的航路，结果到达了美洲。哥伦布先后四次远航美洲，到达了美洲的巴哈马群岛、牙买加、波多黎各、多米尼加等岛以及南美海岸、中美洪都拉斯和巴拿马附近。哥伦布误以为他所到之处是亚洲的印度，乃称当地居民为“印第安人”。

葡萄牙和西班牙都宣布自己的探险队最先到达的地方为本国领土，两国因而发生争执。在罗马教皇的调停下，双方于 1494 年签订条约，划了分界线，称为“教皇子午线”，西侧为西班牙势力范围，东侧归葡萄牙。麦哲伦奉命跨洋探险，越过大西洋，沿南美东海岸南下，到达南美洲南端海峡，继续向西航行，跨越太平洋，因干预菲律宾内讧而被杀。他的同伴穿过印度洋，绕过好望角，返回西班牙。这次环球航行后，西葡两国于 1529 年再次订立条约，“瓜分”了世界。这表明探险活动具有强烈的殖民扩张与掠夺性质。不过，后起的欧洲殖民国家荷、英、法等根本无视“教皇子午线”。

16 世纪初，葡萄牙不过是个约 150 万人的小国。它企图侵略扩张的东方地区多是文化比较发达、人口稠密的国度。葡萄牙于是以侵占军事据点为主，垄断商路，建立商站，进行贸易和公开掠夺，依靠军事手段建立起从直布罗陀至马六甲海峡的殖民势力范围。1553 年，葡萄牙人借口遭遇风暴，要求上岸曝晒水浸货物，乘机贿赂明朝官吏，入居中国澳门。1557 年后，竟自设官府，长期窃据澳门。

西班牙人利用印第安人各部分裂和组织力不强的弱点，拉拢部分印第安部落，征服了人口众多的印第安人。双方的较量是“冷兵器”与“热兵器”的较量，西班牙人有大炮和火枪，而印第安人使用的仍是弓箭刀矛。西班牙殖民者在征服阿兹特克王国时，采取围困手法，切断其首都特诺奇蒂特兰与外界的联系。该城被围困后，粮食匮乏，居民忍饥挨饿，被迫吃虫子、老鼠、野草。1521 年，城被攻陷，阿兹特克文明终结。西班牙殖民主义者很快也侵占了南美的印加王国。欧洲殖民入侵打断了美洲印第安文明的发展进程，使印第安人遭受灭顶之灾。印第安人成群地死去，在 1492 年之后 100 年内，印第安人减少了 90%—95%；一些印第安人逃入荒野丛林中，才得以繁衍生息。

16 世纪，英国、荷兰也开始了海外殖民探险活动。英国早期殖民探险活动的一个特点，是探险者和商人大力开展“海盗活动”。这为英国王室带来了大量收入，也促进了英国经济发展。头号海盗头子德雷克为此获得了伊丽莎白一世授予的爵士头衔。海盗活动导致英西两国矛盾激化，1588 年发生大战，西班牙的“无敌舰队”被英国击败。英国的海外殖民扩张越发疯狂。英国还成立公司，从事殖民扩张活动，包括进行奴隶贸易。

7. 由“新教”引发的革命

中世纪西欧，罗马教会从各国抽取巨额经济收入，扶植教士、修道士等特权阶层，控制和干涉人们的日常生活。16 世纪，一些欧洲国家为对抗罗马天主教会，采取了宗教改革措施，建立起新教。

德国的宗教改革最为著名。15 世纪末 16 世纪初，德意志仍处于四分五裂状态，阻碍了社会经济发展，为教会剥削提供了方便。每年流入罗马教廷的财富数额巨大，德意志被称为“教皇的奶牛”。罗马天主教会向教徒出售赎罪券，宣称教徒购买这种券后可赦免“罪罚”。

马丁·路德

这种行为引起民众极大不满。威登堡大学的神职人员、神学教授马丁·路德公布了著名的“九十五条论纲”，痛斥教皇特使在德国推销赎罪券的欺骗行为，要求公开辩论赎罪券的功效问题。他提出了以“因信称义”为核心的宗教观，认为人的灵魂的拯救完全靠自己，个人是自己信仰的主宰。他主张“君权神授”，认为教皇的权力是人为的、不合法的，君主有改革教会、钳制教皇的义务。他的主张得到

加尔文

了德国一些封建主的支持，使路德教的合法地位得到确立。

加尔文在瑞士日内瓦进行宗教改革，废除天主教主教制，简化宗教仪式，提倡节俭，将日内瓦划分为数个教区，各教区均由长老和教区牧师团体处理政务。在他领导下，日内瓦成为政教合一的神权共和国和宗教改革中心。

英国于 16 世纪也发生了宗教改革，直接原因是罗马教皇拒绝英格兰国王亨利八世与信仰天主教的妻子离婚。宗教改革后，英国成立国教，不受罗马教皇控制，教会必须服从国王的意志和国家法令。苏格兰也进行了宗教改革，加尔文教在苏格兰取得主导地位。

16 世纪，瑞典、丹麦、捷克、匈牙利、法国，都进行了宗教改革。

欧洲宗教改革打击了天主教会的神权统治，促进了思想解放，推进了欧洲民族国家的形成和文化教育事业的发展，推动了欧洲资本主义的发展。宗教改革是反对天主教会专制的一场资产阶级斗争运动，也是欧洲资本主义文明兴起的重要表现。面对宗教改革的冲击，罗马天主教会自身也进行了改革。天主教会的耶稣会积极向全世界传播天主教。16 世纪，耶稣会士就已进入了中国、日本等东方国家。

随着宗教改革运动的发展，德国爆发了一场反对封建专制统治的农民战争，最终被封建主联军镇压下去，但打击了封建专制和天主教会，具有反抗封建专制统治和剥削压迫的性质。法国爆发了胡格诺战争，30 年后战争结束，天主教成为国教，胡格诺教徒获得了信仰和传教自由。

16 世纪下半叶至 17 世纪初年，欧洲爆发了尼德兰革命，起初以反对天主教会为目标，开展大规模“破坏圣像运动”，直指西班牙的反动统治，展开游击战争。1609 年，西班牙与尼德兰联省共和国签订协定，事实上承认了共和国的独立。尼德兰革命是以反对西班牙专制统治、争取民族独立为表现形式的资产阶级革命，是历史上第一次资产阶级革命。这场革命的胜利促进了荷兰社会经济发展；17 世纪荷兰成为“海上马车夫”，拥有海上贸易霸权，大力开展海外殖民扩张。

总之，15、16 世纪是欧洲资本主义文明兴起的世纪。文艺复兴和宗教改革适应了资本主义发展的需要，推动了资本主义的发展。亚洲与欧洲相比之下，开始显示出了“时代的差距”，尽管自身还经历了封建繁荣，但却进入了“相对衰落”的状态，与非洲和美洲一样，开始逐渐沦为欧洲列强殖民侵略扩张的对象。

世界格局因欧洲列强扩张而变化

17、18世纪，欧洲列强在世界范围内进一步殖民扩张，加强海外掠夺，推动了资本主义的发展。欧洲列强的扩张与掠夺引起亚非拉人民坚决反抗。这个时期，世界格局发生了重大变化。

➤1. 欧洲列强扩张争霸

到 17、18 世纪，除巴西以外的几乎整个南美大陆、中美洲的大部分地区、亚洲的菲律宾，都是西班牙的殖民地。西班牙在北美洲的殖民扩张受阻，在北美的殖民争夺中英国是获胜者。葡萄牙在美洲的殖民地主要是巴西；在非洲和亚洲的殖民扩张受到欧洲其他殖民国家的挤压，但仍保留了一些殖民据点，如印度的果阿、东南亚的东帝汶等。

荷兰在尼德兰革命之后，大肆进行海外殖民扩张，在亚洲的扩张重心是印度尼西亚。17 世纪初，荷兰人一度侵占中国台湾；1662 年，郑成功驱逐了荷兰人。荷兰殖民者在印度尼西亚地区实行残酷的殖民统治。1740 年，制造了骇人听闻的“红溪事件”，在巴达维亚（今雅加达）屠杀华人近万人，溪水被染成了红色。

英国是狂热的殖民扩张者。到 18 世纪中叶，英国已在北美拥有了地域广阔的殖民地，其中北美东部沿海地区 13 块殖民地是美国的前身，北美北部的殖民地则是加拿大的前身。英国在东方借助东印度公司进行殖民扩张，早期重点是印度。1757 年占领孟加拉后，英国殖民者洗劫了国库，劫夺了 3700 万英镑，还有 2100 万英镑落入英属东印度公司高级职员的腰包。殖民侵略头子克莱武后来恬不知耻地说：“富裕的城市在我脚下，壮丽的国家在我手中，满贮金银珍宝的财宝库在我眼前。我统共只拿了 20 万镑。直到现在，我还奇怪那时为什么那样留情。”英国继续通过武力和其他手段对印度进行鲸吞蚕食，逐步控制了南亚大片区域。

法国是欧洲大陆强国，长期陷入欧洲争端，在海外殖民扩张中，落后于西、葡、英等国。17 世纪，法国也成立了自己的东印度公司，在亚洲地区开展殖民贸易活动。法国对东南亚入侵初期，是以传教和经商的名义进入越南等地的；在北美、南美，法国也占有殖民地。在 18 世纪的殖民扩张过程中，法国与英国展开了激烈较量。

俄国沙皇彼得大帝

在莫斯科公国基础上发展起来的俄罗斯，在 17 世纪末，由于彼得大帝的改革，成为强大的封建专制国家，资本主义生产方式缓慢发展。俄国向东、西、南三个方向扩张，不断拓展领土。17 世纪中叶，俄罗斯的侵略扩张锋芒已达中国黑龙江流域，趁中国明清易代边防空虚之际，妄图侵占中国大片领土。彼得一世时期，康熙皇帝组织反击战，对入侵中国边境的俄军进行围歼，取得了“雅克萨之战”的胜利。1689 年，双方

签订《尼布楚条约》，划定了中俄东段边界。1727 年，中俄签订另一个条约，划分双方中段边界。这使双方边界稳定维持到第二次鸦片战争。

欧洲列强在殖民扩张过程中，展开了长期争霸战争，构成“资本主义文明史”的一部分。三十年战争（1618—1648 年）是欧洲历史上列强之间为争夺欧洲大陆霸权而进行的一次大规模的国际战争。战争主要发生在神圣罗马帝国境内，欧洲国家分成两股势力，一方支持德意志新教诸侯，另一方支持神圣罗马帝国皇帝和德意志天主教诸侯。最终新教诸侯一方获胜，双方签订了《威斯特伐利亚和约》。三十年战争对德国造成巨大破坏，德意志三分之二的人被杀害，六分之五的村庄被夷平。英国和荷兰之间为争夺海上贸易霸权，进行了三次战争，最终英国占据优势。英法之间为了大陆霸权和殖民霸权，前后进行了多次战争。七年战争（1756—1763 年）是其中重要的一次战争，战争使欧洲多个国家卷入其中。法国损失惨重，在南亚和北美的殖民地几乎全部被英国夺取，英国世界殖民霸主的地位确立起来。

奴隶贸易是“文明的欧洲人”在殖民扩张过程中所犯下的最丑恶的罪行之一。所谓奴隶贸易，是指欧洲殖民列强跨大西洋贩卖非洲黑人的活动。西方殖民者到达美洲后，大肆屠杀和驱赶当地居民印第安人，占领印第安人家园，建立起种植园，生产劳动密集型作物，需要大量劳动力。为了解决这个问题，鼓励自由移民和契约劳工移民，同时大量地是从非洲掠夺贩卖奴隶。葡萄牙、西班牙、荷兰、英国、法国等国在非洲抓捕和购买黑人，贩卖到美洲。奴隶贩

奴隶贸易

子常常冲进村庄，将男女老幼全部作为“战俘”抓起来出卖。非洲一些部落酋长和封建首领充当了奴隶买卖的帮凶。这种奴隶贸易从15、16世纪开始，持续到18世纪下半叶19世纪初。随着工业革命的开展，奴隶贸易与工业资产阶级的利益需求产生矛盾，工业资产阶级要求废除奴隶贸易和奴隶制度。广大黑人也顽强地反抗奴隶贸易，打击奴隶贩子。19世纪初，丹麦、英国、美国、荷兰、法国、葡萄牙等国相继放弃奴隶贸易。但直到美国、古巴、巴西在19世纪下半叶废除了种植园奴隶制，奴隶贸易才逐步停止。

在1500—1890年之间，从撒哈拉以南非洲输往世界其他地区的人口共约2200万，而非洲因奴隶贸易损失的人口则远远大于这个数字。可以说，持续了几百年的跨大西洋奴隶贸易，加速了欧美资本主义原始积累，给非洲人民带来深重灾难，也改变了美洲居民的民

康熙皇帝

族构成。

17、18 世纪是西方列强进一步殖民扩张和争霸的时期，也是科学不断发展的时期。俄国的彼得大帝成立了俄罗斯科学院，法国的路易十四成立了法兰西科学院。中国的康熙皇帝热爱数学，组织翻译和编修历算著作，还绘制了著名的《皇舆全览图》。路易十四派来中国的传教士被允许在宫廷活动，一度与康熙关系十分密切，还参与了中俄签订《尼布楚条约》的谈判。然而，康熙不积极支持传教士与中国士大夫之间的学术交往。雍正、乾隆等缺乏康熙那样对科学技术的兴趣。与明代后期相比，康雍乾时期的中国对外文化交流更少了。西方殖民主义者在扩张过程中，对亚非拉地区文化造成极大破坏，掠夺了无数宝贵的文物，其中许多陈列在今天西方国家的博物馆里，成为西方殖民国家侵略和掠夺史的现实写照。

2. 启蒙思想家的时代

17、18 世纪，西欧资产阶级力量日益强大，垂死的封建专制制度是其进一步发展的巨大障碍。为了推翻这个“旧制度”，资产阶级必须制造舆论。启蒙运动便是在这个时代背景下发生的。

启蒙运动以自然科学的发展为先导。波兰人哥白尼提出“太阳中心说”，否定了教会宣扬的上帝选定地球为宇宙中心的观点。意大利的布鲁诺认为宇宙空间是无限的，太阳不是静止不动的，围绕着它自己的轴转动；太阳不是宇宙中心，太阳系只是宇宙中的一个天

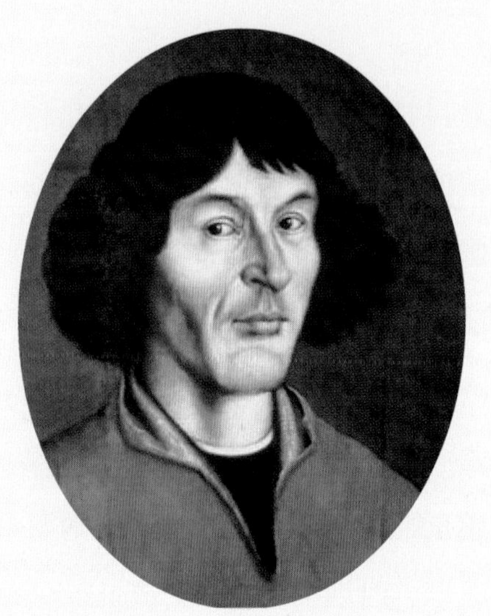
哥白尼

牛顿

体系统。这个学说完全推翻了被中世纪基督教奉为权威的地球中心说。德国天文学家开普勒发现了行星运动的三大定律。英国科学家牛顿在前人基础上，发现了万有引力。科学家们还论述了地球的磁现象，创立了解剖学，发现了血液循环等。这些自然科学的新发现，极大突破了基督教神学的束缚，拓展了人们看待自然和社会的视野，改变了人们的思想观念。

法国是 18 世纪欧洲启蒙运动的主要中心。法国著名启蒙思想家伏尔泰大胆揭露、讽刺法国旧制度的弊端，向愚昧无知宣战。“踩死败类！”就是他反对教会的座右铭。伏尔泰还根据中国历史故事，编写了剧本《中国孤儿》。孟德斯鸠猛烈抨击封建专制制度，提出立法、司法、行政三权分立原则。他说：“一切有权力的人都容易滥用权力，这是万古不易的一条经验。有权力的人们使用权力一直到遇

伏尔泰

卢梭

有界限的地方才休止。”他的思想影响了法国的人权宣言和美国宪法。卢梭宣扬人生而自由，而要实现自由，就离不开平等，勇敢地捍卫人民主权思想。他讲道：“当人民被迫服从而服从时，他们做得对；但是，一旦人民可以打破自己身上的桎梏而打破它时，他们就做得更对。”“百科全书派”以资产阶级的自由、平等为奋斗目标，以朴素唯物论为思想武器，与封建专制制度和天主教会展开斗争。

英国也是启蒙运动的一个重要中心。约翰·洛克是英国唯物主义经验论的创始人，反对君权神授，提出分权说，主张自由和宽容。他为私有财产做出精彩辩护：“我的马所吃的草、我的仆人所割的草皮、以及我在同其他人共有的土地上挖出的矿产，都是我的财产，不需要任何人的转让或者同意。我通过我自己的劳动使它们脱离原来的公有状态，由此确立了我对于它们的财产权。”英国古典政治经济学创始人亚当·斯密被尊称为“现代经济学之父”，出版了《国富论》，指出劳动是财富的源泉和衡量价值的尺度，主张自由竞争，批评重商主义。

德国也出现了一些启蒙思想家，如席勒、康德等人。启蒙运动扩展到意大利、奥地利等欧洲国家，并越过大西洋传到北美。

启蒙思想家不是纯粹的学者，更不是脱离社会现实的理论家，而是为新兴资本主义寻找发展路径的思想者。他们提出了许多改革建议，以下三点是很突出的。一是在经济领域内主张自由放任，反对重商主义；二是在政治上主张“主权在民”，一旦政府压迫人民，人民就有权利推翻它；三是主张宗教信仰自由，反对政教合一。

当然，我们必须要看到启蒙运动思想家们的另一面。他们主张的自由平等、天赋人权、社会契约，并非世界所有人民可以享有的基本权利。洛克在谈到黑人和美洲印第安人时，就违背自己曾提出过的自由平等原则，明确提出地球上的人类是分等级的，只有白人可以享有全部自然权利，印第安人不能与白人平等，黑人的所有权利都可以被剥夺。著名哲学家康德更是种族主义者，被称为种族概念之父，主张白人的人性发展最为完善，黄种人的才能略显不足，黑人更次，印第安人最差。启蒙思想家们的这些种族优越论，为西欧各国的殖民扩张提供了理论依据。事实上，启蒙时代理论化了的种族优越论或种族主义，成为西方社会的文化基因，浸润到了西方政治和社会生活的深处，时至今日仍在西方社会或明或暗地运行。

需要特别交代的是，欧洲的启蒙运动与中国存在密切关系。16世纪，西方天主教耶稣会士来到中国。以利玛窦、汤若望等为代表的明末清初来华耶稣会士，除向中国传播天主教外，也带来了西方一些科学技术知识；同时，传教士关于中国文化的介绍，对欧洲产生了重要影响，在欧洲形成了长期的“中国热”。一些思想家推崇中国文化，中国的风物受到欧洲社会赞扬和模仿。可以说，中国文化为欧洲启蒙思想家们提供了借鉴。

中国也出现过某种启蒙思潮。中国明清易代，社会剧烈动荡，促使一些学者深刻反思，总结历史教训，涌现出一批杰出的思想家。他们从不同角度提出新思想，形成中国早期的“启蒙思潮”。代表人物是黄宗羲、顾炎武、王夫之。他们批评封建礼教和君主专制，提倡经世致用的务实学风，主张工商皆本。

黄宗羲　　顾炎武　　王夫之

启蒙运动是欧洲继文艺复兴运动之后又一场思想解放运动，有力冲击了封建专制制度及其精神支柱基督教会，推动了资产阶级革命，也为西欧列强殖民扩张提供了理论思想。

3. 欧美资产阶级革命

欧美资产阶级革命的典型代表一般指英国革命、法国革命、美国独立战争。这些革命的结果是资产阶级上台掌权，建立了一套相应的国家制度。

英国是资本主义发展较早的国家。16 世纪末和 17 世纪初，资产阶级和新贵族在经济上日益壮大，不再甘心忍受封建专制制度对他们的种种限制。国王与议会在财政问题上产生矛盾，国王查理一世一气之下解散议会。过了两年，查理一世重新召开议会，竟是为了筹措军费，引起了资产阶级的强烈不满，爆发了内战。以克伦威尔为首的资产阶级和新贵族独立派，在两次内战中打败国王的军队，处死查理一世，建立共和国，实现了资产阶级专政。后经复杂的反复斗争，1689 年英国议会通过了《权利法案》，规定：国王未经议会同意不得中止任何法律的效力，不得征税和支配税收，不得征集和维持海军；天主教徒及与天主教徒联姻的王室后裔不得继承王位。资产阶级革命取得胜利，结束了英国专制君主制度，逐步建立起立宪君主制度。

在现代立宪君主制度下，君主是名义上的世袭国家元首，名义权力不少，却没有什么实权。法律赋予英王的权力，实际上都是通过议会和内阁去行使，王权成为象征性的。英国议会实行两院制，上院议员不经选举，由贵族组成；下院由选举产生。随着英国资产阶级民主政治的发展，议会上院权力逐渐下降，下院权力不断扩大。议会的主要职权有立法权、财政权和对行政的监督权，主要由下院来行使。

英国资产阶级革命胜利后，政治上逐渐形成现代内阁制度，出现了“首相”。中央政府及其核心内阁是国家的最高行政机关，内阁一般是由议会占多数席位的政党组成；议会大选后，国王任命议会多数党的领袖为首相，并由首相组阁。英国逐渐形成责任内阁制，即内阁对议会负责，接受议会监督；如果内阁（或政府）失去了议会下院多数议员的支持，就要重新确定首相，组成新内阁。17 世纪末期、18 世纪，英国政治生活中出现了不同政治派别，如辉格派和托利派，形成了两党制的雏形。辉格派是英国自由党的前身；托利派在日后发展成为英国的保守党。第一次世界大战后，英国政治生活中的两大党演变为保守党和工党，自由党渐趋衰落。

立宪君主制、议会制、内阁制和两党制是资本主义政治制度的重要形式，是资本主义文明在政治制度上的重要表现。这样的政治制度，逐步为许多资本主义国家所采纳。

美国独立之前是英国的殖民地。18 世纪中叶以后，英国加强了对北美殖民地的剥削和压迫，实行一系列加重殖民地人民负担的征税政策，如颁布“印花税法”“茶叶税法”。北美殖民地与宗主国英国的矛盾尖锐起来。1775 年，波士顿列克星敦的人民与英军发生冲

IN CONGRESS, JULY 4, 1776.

The unanimous Declaration of the thirteen united States of America,

When in the Course of human events, it becomes necessary for one people to dissolve the political bands which have connected them with another, and to assume among the powers of the earth, the separate and equal station to which the Laws of Nature and of Nature's God entitle them, a decent respect to the opinions of mankind requires that they should declare the causes which impel them to the separation. —— We hold these truths to be self-evident, that all men are created equal, that they are endowed by their Creator with certain unalienable Rights, that among these are Life, Liberty and the pursuit of Happiness. — That to secure these rights, Governments are instituted among Men, deriving their just powers from the consent of the governed, — That whenever any Form of Government becomes destructive of these ends, it is the Right of the People to alter or to abolish it, and to institute new Government, laying its foundation on such principles and organizing its powers in such form, as to them shall seem most likely to effect their Safety and Happiness. Prudence, indeed, will dictate that Governments long established should not be changed for light and transient causes; and accordingly all experience hath shewn, that mankind are more disposed to suffer, while evils are sufferable, than to right themselves by abolishing the forms to which they are accustomed. But when a long train of abuses and usurpations, pursuing invariably the same Object evinces a design to reduce them under absolute Despotism, it is their right, it is their duty, to throw off such Government, and to provide new Guards for their future security. — Such has been the patient sufferance of these Colonies; and such is now the necessity which constrains them to alter their former Systems of Government. The history of the present King of Great Britain is a history of repeated injuries and usurpations, all having in direct object the establishment of an absolute Tyranny over these States. To prove this, let Facts be submitted to a candid world. —— He has refused his Assent to Laws, the most wholesome and necessary for the public good. —— He has forbidden his Governors to pass Laws of immediate and pressing importance, unless suspended in their operation till his Assent should be obtained; and when so suspended, he has utterly neglected to attend to them. —— He has refused to pass other Laws for the accommodation of large districts of people, unless those people would relinquish the right of Representation in the Legislature, a right inestimable to them and formidable to tyrants only. —— He has called together legislative bodies at places unusual, uncomfortable, and distant from the depository of their public Records, for the sole purpose of fatiguing them into compliance with his measures. —— He has dissolved Representative Houses repeatedly, for opposing with manly firmness his invasions on the rights of the people. —— He has refused for a long time, after such dissolutions, to cause others to be elected; whereby the Legislative powers, incapable of Annihilation, have returned to the People at large for their exercise; the State remaining in the mean time exposed to all the dangers of invasion from without, and convulsions within. —— He has endeavoured to prevent the population of these States; for that purpose obstructing the Laws for Naturalization of Foreigners; refusing to pass others to encourage their migrations hither, and raising the conditions of new Appropriations of Lands. —— He has obstructed the Administration of Justice, by refusing his Assent to Laws for establishing Judiciary powers. —— He has made Judges dependent on his Will alone, for the tenure of their offices, and the amount and payment of their salaries. —— He has erected a multitude of New Offices, and sent hither swarms of Officers to harrass our people, and eat out their substance. —— He has kept among us, in times of peace, Standing Armies without the Consent of our legislatures. —— He has affected to render the Military independent of and superior to the Civil power. —— He has combined with others to subject us to a jurisdiction foreign to our constitution, and unacknowledged by our laws; giving his Assent to their Acts of pretended Legislation: — For Quartering large bodies of armed troops among us: — For protecting them, by a mock Trial, from punishment for any Murders which they should commit on the Inhabitants of these States: — For cutting off our Trade with all parts of the world: — For imposing Taxes on us without our Consent: — For depriving us in many cases, of the benefits of Trial by Jury: — For transporting us beyond Seas to be tried for pretended offences: — For abolishing the free System of English Laws in a neighbouring Province, establishing therein an Arbitrary government, and enlarging its Boundaries so as to render it at once an example and fit instrument for introducing the same absolute rule into these Colonies: — For taking away our Charters, abolishing our most valuable Laws, and altering fundamentally the Forms of our Governments: — For suspending our own Legislatures, and declaring themselves invested with power to legislate for us in all cases whatsoever. — He has abdicated Government here, by declaring us out of his Protection and waging War against us. —— He has plundered our seas, ravaged our Coasts, burnt our towns, and destroyed the lives of our people. —— He is at this time transporting large Armies of foreign Mercenaries to compleat the works of death, desolation and tyranny, already begun with circumstances of Cruelty & perfidy scarcely paralleled in the most barbarous ages, and totally unworthy the Head of a civilized nation. —— He has constrained our fellow Citizens taken Captive on the high Seas to bear Arms against their Country, to become the executioners of their friends and Brethren, or to fall themselves by their Hands. —— He has excited domestic insurrections amongst us, and has endeavoured to bring on the inhabitants of our frontiers, the merciless Indian Savages, whose known rule of warfare, is an undistinguished destruction of all ages, sexes and conditions. In every stage of these Oppressions We have Petitioned for Redress in the most humble terms: Our repeated Petitions have been answered only by repeated injury. A Prince, whose character is thus marked by every act which may define a Tyrant, is unfit to be the ruler of a free people. Nor have We been wanting in attentions to our Brittish brethren. We have warned them from time to time of attempts by their legislature to extend an unwarrantable jurisdiction over us. We have reminded them of the circumstances of our emigration and settlement here. We have appealed to their native justice and magnanimity, and we have conjured them by the ties of our common kindred to disavow these usurpations, which, would inevitably interrupt our connections and correspondence. They too have been deaf to the voice of justice and of consanguinity. We must, therefore, acquiesce in the necessity, which denounces our Separation, and hold them, as we hold the rest of mankind, Enemies in War, in Peace Friends. ——

We, therefore, the Representatives of the united States of America, in General Congress, Assembled, appealing to the Supreme Judge of the world for the rectitude of our intentions, do, in the Name, and by Authority of the good People of these Colonies, solemnly publish and declare, That these United Colonies are, and of Right ought to be Free and Independent States; that they are Absolved from all Allegiance to the British Crown, and that all political connection between them and the State of Great Britain, is and ought to be totally dissolved; and that as Free and Independent States, they have full Power to levy War, conclude Peace, contract Alliances, establish Commerce, and to do all other Acts and Things which Independent States may of right do. —— And for the support of this Declaration, with a firm reliance on the protection of divine Providence, we mutually pledge to each other our Lives, our Fortunes and our sacred Honor.

John Hancock

Button Gwinnett, Lyman Hall, Geo Walton.

Wm Hooper, Joseph Hewes, John Penn

Edward Rutledge, Thos Heyward Junr., Thomas Lynch Junr., Arthur Middleton

Samuel Chase, Wm Paca, Thos Stone, Charles Carroll of Carrollton

George Wythe, Richard Henry Lee, Th Jefferson, Benja Harrison, Thos Nelson jr., Francis Lightfoot Lee, Carter Braxton

Robt Morris, Benjamin Rush, Benja Franklin, John Morton, Geo Clymer, Jas Smith, Geo Taylor, James Wilson, Geo Ross

Caesar Rodney, Geo Read, Tho M:Kean

Wm Floyd, Phil Livingston, Frans Lewis, Lewis Morris

Richd Stockton, Jno Witherspoon, Fras Hopkinson, John Hart, Abra Clark

Josiah Bartlett, Wm Whipple, Saml Adams, John Adams, Robt Treat Paine, Elbridge Gerry, Step Hopkins, William Ellery, Roger Sherman, Saml Huntington, Wm Williams, Oliver Wolcott, Matthew Thornton

《独立宣言》

突，美国独立战争开始。1776 年的大陆会议通过了《独立宣言》，向全世界宣告美利坚合众国成立，强调所有人生来都是平等的，被赋予某些不可割让的权利，包括生命、自由和追求幸福的权利。这些主张体现了殖民地资产阶级的进步思想。实际上，在美国独立战争取得胜利后的很长一个时期里，美国黑人和印第安人仍然遭受着十分残酷的奴役。美国独立战争持续多年，1783 年英国被迫承认美国独立。1787 年美国制定了联邦宪法，这是第一部比较完整的资产阶级成文宪法，后来成为许多资本主义国家制定宪法的范本。美国是最早实行总统制的国家。总统制不同于英国实行的立宪君主制度。总统既是国家元首，又是政府首脑，还兼任武装部队总司令。总统的实际权力非常广泛，直接组织和领导政府，政府对总统负责。

列克星敦的枪声

法国革命以激烈、迅猛和波及面广而著称，号称“大革命”。18 世纪法国资本主义经济有了很大发展，但封建专制主义十分盛行。法国专制君主路易十四曾宣称“朕即国家”。法王路易十五更是不顾人民死活，只管个人享受，宣称：“我死后，哪管洪水滔天。”同时，法国森严的等级制度也激起了资产阶级的广泛不满。1789 年，三级会议在凡尔赛宫开幕。在人民群众的支持下，第三等级的代表展开了反对以国王为首的特权等级的斗争。7 月 14 日，巴黎人民举行武

攻克巴士底狱

装起义，攻克巴士底狱。巴黎起义的胜利成为一个信号，革命之势波及全国。

巴黎起义胜利后，君主立宪派、吉伦特派、雅各宾派先后掌权，颁布了《人权宣言》《土地法令》等一系列法律，建立了资产阶级共和国。法国革命浪潮极大地冲击了欧洲封建王权的专制统治，“自由、平等、博爱”的口号在欧洲大地上回响。各国封建统治者在惊恐中企图扑灭法国革命。法国流亡贵族的代表出入各国宫廷，鼓动欧洲君主们武装干涉。正在法国革命达到高潮之际，欧洲一些国家组成反法同盟，武装干涉法国革命。在内外交困的形势下，1799 年拿破仑·波拿巴发动政变，夺取政权，法国开始了从共和国向军事独裁制的转变。拿破仑具有极强的军事素养，在与反法联军作战过程中，取得一系列重大胜利。1804 年 5 月，元老院宣布拿破仑为皇帝，称拿破仑一世，建立了法兰西第一帝国。1815 年拿破仑最后败于英、俄、普、奥等国组成的第七次反法同盟。1815 年 9 月，俄、普、奥三国君主签订了《神圣同盟条约》，后法国路易十八加入。条约规定：缔约各国君主“无论何时何地”都要相互提供援助，镇压各国革命。

4. 亚洲王朝错失良机

17、18 世纪，在欧洲列强大肆殖民扩张、大力发展资本主义的同时，亚洲的封建大国墨守成规，极力维持封建统治，没有采取有效的措施推动自身社会发展，错失发展良机，终于在西方列强不断扩张的历史大潮下，陷入落后挨打局面。

17 世纪，奥斯曼帝国是一个横跨亚、欧、非三洲的庞大帝国，也是个封建农业大国。随着土地大量转移到非军人的地主手中，帝国的兵源缩减，战斗力也下降了。此时，西欧各国开辟了通往东方的新航路，奥斯曼帝国商业中枢地位下降，财政受到巨大冲击。17 世纪中叶，奥斯曼帝国出现政局不稳、吏治腐败、社会衰退的态势。从 17 世纪末期起，奥斯曼帝国被欧洲大陆国家接连打败，签订条约，割让土地；18 世纪，奥斯曼帝国在与俄罗斯的战争中，最终失败，丢掉了大片领土。面对此种局势，奥斯曼帝国的苏丹们，任命能干的宰相整饬吏治，使帝国一度出现复兴迹象。苏丹塞利姆三世也曾决心向欧洲国家学习，在国家治理方面采取一系列改革措施，但他的改革遭到了大封建主和近卫军团的强烈反对，1807 年塞利姆被复旧派废黜，并被刺杀在后宫。错失时机的奥斯曼帝国在 19 世纪成为西方列强宰割的对象。

17 世纪上半叶，伊朗萨非王朝经历了繁荣发展。但是，萨非王朝后期，最高统治者软弱，生活奢靡，内部出现了官僚腐败、政务荒废、军务松弛、国势渐衰的气象；外部遭到阿富汗、奥斯曼帝国和俄国的侵略，丢失不少土地，萨非王朝走向衰亡。纳狄尔王朝建立后，伊朗一度有所复兴，但随着国王纳狄尔死于暗杀，很快衰落下去。1796 年卡扎尔王朝开始了对伊朗的长期统治，直至 1925 年。

17 世纪，印度处于莫卧儿王朝统治时期，经过几代皇帝的经营，达到了鼎盛。17 世纪中叶开始，莫卧儿王朝的土地关系向着世袭领地转变，城乡出现了资本主义生产关系的萌芽。奥朗泽布在位期间（1658—1707 年），莫卧儿王朝向南印度扩张，使国家版图几乎囊括了整个南亚次大陆。然而，奥朗泽布强化封建统治，加重了人民负担，激起人民起义。同时，18 世纪上半叶，伊朗和阿富汗先后入侵印度，给了莫卧儿王朝以沉重打击。一段时期内，莫卧儿皇帝先后成为波斯人、阿富汗人的傀儡，莫卧儿王朝名存实

莫卧儿皇帝奥朗泽布

泰姬陵

亡。从 1757 年起，英国在南亚进行大规模武力扩张，莫卧儿皇帝逐渐沦为英国殖民者的傀儡。莫卧儿王朝曾开创文化兴盛局面，如沙贾汗为爱妻修建的泰姬陵成为帝国文化繁荣的象征，是印度建筑艺术史上的光辉成就。由于封建专制制度的束缚，加上西方国家在南亚的殖民扩张，印度自身的资本主义萌芽进程被打断，印度沦为英国蚕食鲸吞的对象。

17 世纪的中国，经历了明清易代，社会长期处于动荡之中。清朝前期，康熙、雍正、乾隆三位皇帝很有作为，实现了国家统一、经济繁荣、社会稳定、人口大幅增长，抵制了沙俄入侵，出现了“康乾盛世”。《四库全书》的编纂为清理和总结中国历史文化遗产做出了重要贡献，也体现了清朝前期的盛世繁荣。尽管明朝中后期中国社会已产生了资本主义萌芽，但中国封建制度十分强大，新生的资本主义因素难以发展壮大。清朝前期，封建生产关系仍居主导地位，资本主义因素实难发展。在盛世光环下，清朝已显现出封建末世的迹象。正是在乾隆皇帝统治后期，出现了中国历史上有名的腐败官员和珅。乾隆后期，国家已呈衰落之势。工业革命如火如荼进行中的英国，派遣马戛尔尼使团来华，要求中国开放更多通商口岸。然而，清廷仍以泱泱大国的天朝自居，视马戛尔尼为“贡使”。清廷未能认识到世界形势的巨大变化，未能采取积极应对措施，而几乎是坐待西方殖民势力日渐强大、用武力打开中国大门、将不平等条约强加给中国。

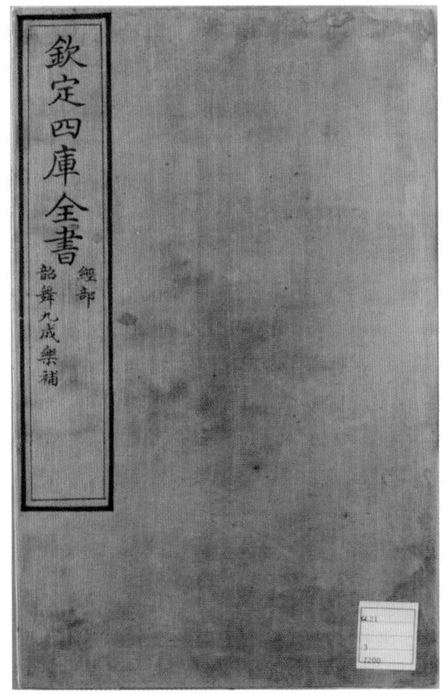
欽定四庫全書
經部
韶舞九成樂補

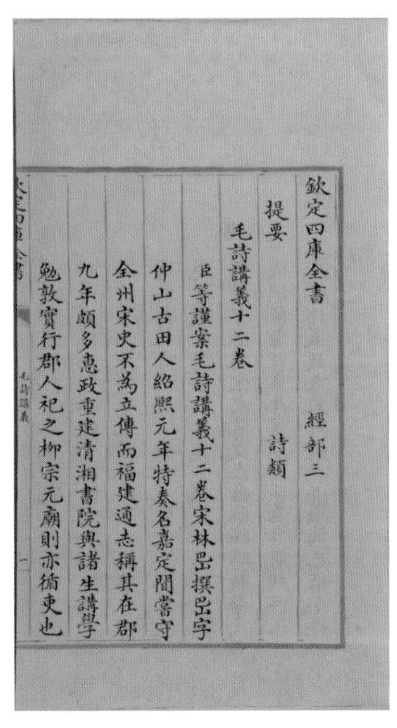
欽定四庫全書　經部三
提要　詩類
毛詩講義十二卷
臣等謹案毛詩講義十二卷宋林岊撰岊字
仲山古田人紹熙元年特奏名嘉定間嘗守
全州宋史不爲立傳而福建通志稱其在郡
九年頗多惠政重建清湘書院與諸生講學
勉敦實行郡人祀之柳宗元廟則亦循吏也

《四库全书》

5. 世界格局发生变化

从哥伦布远航美洲到18世纪末年的三百年里，世界格局发生了巨大变化。

一是欧洲逐渐主导世界格局。到1800年，西欧列强在世界各地建立起众多殖民地；东欧的莫斯科大公国则已扩张成为横跨亚欧大陆的帝国。欧洲国家在非洲沿海地区建立一系列殖民地或殖民据点，逐渐向内陆延伸。曾经强大的亚洲，已落后于欧洲：奥斯曼帝国在俄国等西方国家的夹击下，失去了屏障作用；亚洲一些地区已沦为欧洲国家的殖民地，特别是莫卧儿王朝濒临灭亡，部分领土已被英国占领，成为“英属印度”；尽管中国清朝仍处于强盛时期，但已表现出衰落迹象。整个美洲已成为“西方的”了：美洲印第安人被征服，印第安文明被摧毁；欧洲文化移入美洲；欧洲国家在北美洲的殖民地有的已获得独立，成为新生国家，如美国；拉丁美洲绝大部分地区也即将进行独立战争。广大澳洲地区已被欧洲人“发现”，并正在被殖民。整体上看，欧洲国家逐渐成为世界格局中的主导力量。

二是世界各地掀起反殖斗争。哪里有殖民压迫，哪里就有反抗。这是被历史证明了的真理。面对欧洲国家在世界各地的大肆殖民扩张，亚非两大洲各地的广大人民展开了英勇的反殖斗争。在中国，郑成功用武力驱赶了盘踞中国台湾的荷兰人；清政府抗击沙俄侵略，取得雅克萨之战的胜利，阻止了沙俄对中国领土的侵占。印度人民进行了长期反英斗争，尤以迈索尔地区抵抗英国殖民侵略最坚决。非洲埃及开罗人民发动反法起义，开展游击战，迫使法国撤出。在海地，黑人领袖杜桑·卢维杜尔领导起义军队，相继战胜了法国殖民军队，赶走了西班牙侵略军，击败了英国侵略军；虽然杜桑·卢维杜尔在后来的斗争中献出了宝贵生命，但最终海地于1803年赢得了独立，成为拉丁美洲地区独立运动的先声，也鼓舞了世界其他地区的反殖斗争。

杜桑·卢维杜尔

三是全球各地联系日趋密切。在欧洲列强对外殖民扩张过程中，亚洲、非洲、美洲、大洋洲人民遭受了殖民侵略。旧大陆已有的文明地区在客观上更多地联系起来；同时，殖民主义者与大量欧洲民众不断地到达美洲与大洋洲地区，逐步改变了这些地区人口的种族与民族结构，欧洲文化也随之成为这些地区的主导文化。从一定意义上说，欧洲殖民扩张使印第安人的美洲成为“西方的美洲”，土著人的大洋洲成为“西方的大洋洲”。此外，随着殖民扩张，商人、航海者、科考人员、外交使节、传教士等，从欧洲国家络绎不绝地到达世界各地，将世界各地风物人情、历史文化等介绍到欧洲国家，欧洲人大开眼界。到18世纪，欧洲已形成了广阔的“世界眼光”，撰写“世界历史”或以世界历史眼光撰写历史著作成为一种新潮流。世界各地区在政治、经济、文化等领域的联系更加紧密。

FROM 4 TO 35 HORSE PO
CIRCULAR SAW
UTICA, NEW YORK

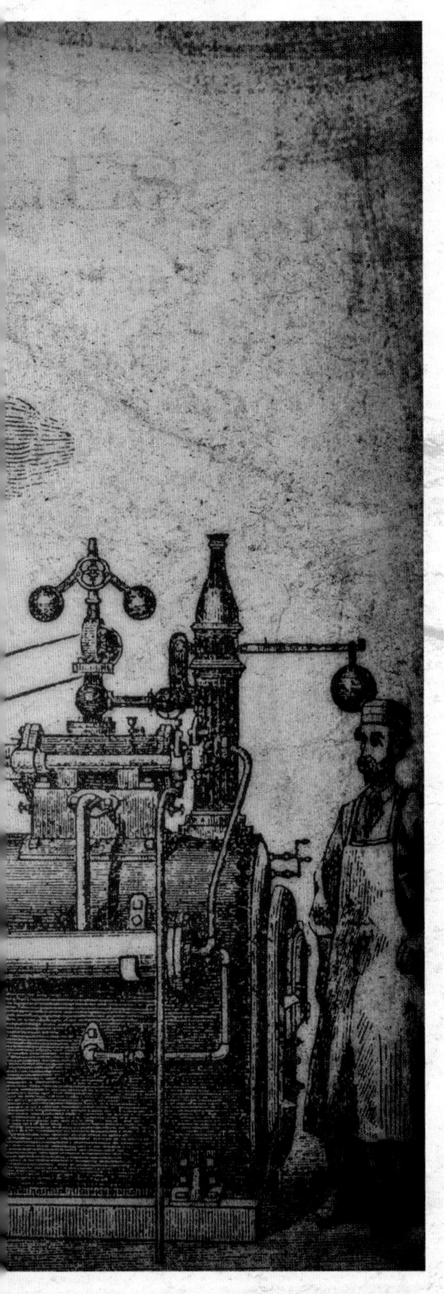

工业革命改变世界

从 18 世纪下半叶开始，英国率先发生工业革命，随之工业革命扩展到欧美各国。工业革命推动资本主义快速发展，也为欧美国家的殖民扩张提供了新动力。西方列强的殖民扩张和统治激起了世界被压迫民族被压迫人民的激烈反抗斗争。同时，资本主义在历史进程中，造就了自身的掘墓人。无产阶级开始走上寻求自身解放和全人类解放的光明道路。

1. 超出一国的工业革命

工业革命既是生产技术上的革命，也是社会生产关系上的重大变革。18 世纪下半叶，英国率先发生工业革命。为什么工业革命首先发生在英国？主要有这样一些原因：一是英国的资本主义手工工场发展较早；二是英国国内已形成了统一市场；三是 17 世纪的资产阶级革命，沉重地打击了封建专制制度，为英国工业发展创造了良好的政治环境；四是 16、17 世纪的科学技术革命促进了社会生产力的发展；五是圈地运动既促进了资本原始积累，也为工业生产提供了劳动力；六是殖民掠夺为工业革命提供了丰厚的原始积累；七是英国的气候条件非常适合棉纺业的发展，而英国工业革命正是从纺织业开始的；八是比较丰富的自然资源，特别是丰富的煤炭资源，为英国制造业提供动力。

瓦特

1764 年，哈格里夫斯发明比较省力且效率很高的珍妮纺纱机，这是工业革命开启的一个标志。不久，英国人又发明了水力纺纱机、水力织布机。这些机器充分利用自然力，

珍妮纺纱机

蒸汽机

大大提高了生产能力。瓦特改良蒸汽机，广泛应用于采矿、冶炼、纺织、机器制造、交通等行业，促成了纺织、冶炼、采煤、运输等工业的兴起和发展，并推动机器制造领域的发明创造。19 世纪 40 年代，一个完整、独立的工业部门——机器制造业发展起来，用机器生产机器，这标志着英国工业革命的完成。

工业革命给英国带来巨大变化。一是英国从农业国转变为工业国。1851 年，英国城市人口达到了 51%。二是英国从手工生产为主转变为以机器生产为主。分散的手工工场被大工厂取代。三是英国从手工生产机器转变为用机器生产机器。英国成为“世界工厂”。1851 年伦敦举办万国工业品博览会，展出了 10 万多件代表人类文明成果的产品，其中一半多是英国厂商制造。四是大大促进了英国经济发展。1850 年，英国煤、铁产量分别占世界总产量的 60.2% 和 50.9%。

英国注意到了工业革命给自身带来的巨大利益，试图限制先进的生产技术向外传播，通过了一些限制人员和技术流动的法规，但没有取得多大效果，工业革命还是以不受人类控制的神奇魔力向其他国家扩散。法国、德意志（德国）、美国等欧美国家很快进入工业革命时代。后发工业革命国家，并非简单模仿英国工业革命，而是跟随时代的步伐进行了发展和创新。19 世纪六七十年代，欧美国家的工业革命，以电力和化学工业的建立和发展为主要标志。发电机和电动机的发明与远程输电的成功，为工业提供了新能源；用新方法生产纯碱和硫酸，满足了化学工业的大量需求；人造染料、人造纤维的出现，丰富了人们的生活。随着电灯、电话、电车、电报的广泛使用，人们从“钢铁时代”步入“电气时代”。

欧洲列强为加强对殖民地半殖民地的掠夺和剥削，进行资本输出，在海外建立工厂、修建铁路等，把一些工业技术扩散到世界其他地区。例如，19 世纪中叶，英国开始在印度修建铁路。与此同时，广大殖民地半殖民地为了民族生存和复兴，在遭受压迫和剥削的环境下，有意识地学习和引进西方先进科学技术，促进自身工业发展。

工业革命是生产力发展史上的一次划时代飞跃，对欧洲乃至世界产生重大影响，促进了经济社会发展、人口迅速增长、城市快速发展、产业结构变化，导致了社会阶级结构的变化，产生了资产阶级和无产阶级。这两个阶级的产生和斗争，是生产力发展的结果，也是生产关系的重大变化，构成了近现代社会生活的重要内容。

2. 响彻拉美的独立号角

拉丁美洲主要是西班牙和葡萄牙的殖民地。殖民统治严重阻碍了拉美各地经济社会发展，被歧视被压迫的印第安人和黑人以及土生白人等产生了强烈的反抗意识。美国独立和海地独立，为拉丁美洲人民的反殖斗争提供了榜样。1810 年，法军占领西班牙全境，为西属殖民地人民的反殖斗争提供了机会。

拉丁美洲独立战争经历了反复的较量。以委内瑞拉为中心的南美北部战场，较量最为激烈。1811 年委内瑞拉通过《独立宣言》，宣告成立共和国。殖民势力进行了疯狂反扑，第一共和国被扼杀。但委内瑞拉人民没有被吓倒，反而激起了昂扬斗志。玻利瓦尔发誓：“只要西班牙政权的殖民枷锁还套在我们身上，我就要不停地战斗。”在这种战斗精神的鼓舞下，玻利瓦尔领导委内瑞拉人民与殖民势力进行了长期反复斗争，先后成立了第二共和国、第三共和国。1822 年，玻利瓦尔领导的军队终于打败殖民军，“大哥伦比亚”共和国成立，玻利瓦尔当选为总统。南美北部地区获得解放。

玻利瓦尔

在南美南部战场，在圣马丁领导下，殖民地人民不断打败西班牙殖民军队；1816年阿根廷宣告独立，1818年智利宣告独立，1821年秘鲁宣告独立。为了把西班牙殖民势力彻底赶出拉丁美洲，圣马丁和玻利瓦尔会晤，商讨联合解放南美对策。在玻利瓦尔和战友的英勇战斗中，秘鲁的殖民军被彻底肃清。1825年，上秘鲁宣布独立，为了纪念玻利瓦尔的功勋，共和国命名为玻利维亚。南美殖民地全境解放。

在墨西哥战场，1810年9月16日，墨西哥爱国力量领袖伊达尔戈神甫发出了“多洛雷斯呼声”。他向聚集起来的印第安人说：“你们愿意自由吗？三百年前，可恨的西班牙人夺去了我们祖先的土地，你们愿意夺回来吗？”人们同声回答：“绞死这些西班牙强盗！”接着，他领导群众高呼：“美洲万岁！打倒坏政府！”墨西哥独立战争开始。经过多年艰苦卓绝的斗争，1821年墨西哥获得独立。在墨西哥独立影响下，中美洲地区也宣告独立。

巴西是葡萄牙的殖民地。拿破仑战争期间，葡萄牙王室迁往巴西。王室的直接统治引起了巴西民众的不满，1817年爆发武装起义，但被镇压。葡萄牙本土发生革命后，留守巴西担任摄政的佩德罗王子顺应形势，于1822年宣告巴西独立。

拉丁美洲国家获得独立后，军事独裁成为一种比较普遍的统治形式，称为考迪罗主义。西方列强利用军事独裁者向拉丁美洲地区渗透，对拉美进行控制和掠夺。这种统治形式严重阻碍了民族资本主义的发展。但在欧洲和美国工业革命的大背景下，19世纪下半叶拉丁美洲国家的民族资本主义也得到一定的发展。19世纪70年代，考迪罗主义走向衰落，20世纪初从拉美国家的政治舞台上消失。

19 世纪上半期，拉丁美洲掀起的独立运动高潮，推翻了西班牙和葡萄牙的殖民统治，是美国独立战争后的又一重大历史事件，为世界各地的革命斗争注入了活力。

3. 同年发生的欧洲革命

工业革命在欧洲大陆全面展开之际，欧洲多国发生了资产阶级民主革命，这就是 1848 年的欧洲革命。一系列因素导致了这场革命的爆发。首先，革命前夕，欧洲呈现出错综复杂的斗争形势：资产阶级和劳动人民与封建专制势力的斗争，资产阶级与无产阶级的斗争，国家统一和民族独立情绪高涨。其次，革命前夕，欧洲社会存在着广泛的社会不满：手工业者无法与机器竞争，需要救助；工人阶级作为新生劳动力，工作时间长、条件差、工资低且没有保障，居住在拥挤脏乱的贫民窟里；资产阶级随着财富的不断增长，要求获得与其财富相称的政治权力和社会地位；欧洲中部的广大农民憎恨封建残余势力干涉他们的生活，要求获得解放。同时，19 世纪 40 年代，欧洲一些国家农业受灾，粮食歉收，1847 年欧洲还发生了经济危机，大量工人失业，贫困与饥饿激化了人民群众的不满。

1848 年 2 月，法国巴黎爆发起义，口号是“建立共和”，革命群众与政府军展开巷战。国王逃往英国，资产阶级趁机窃取了胜利果实，成立临时政府。资产阶级政府反过身来进攻工人群众，镇压起义，枪杀了一万多起义者。1848 年 12 月举行总统选举，代表大资产阶级和君主派利益的路易·波拿巴（拿破仑的侄子）采取各种手法，以压倒性多数当选。1851 年 12 月，路易·波拿巴发动政变，建立军事独裁，举行加冕礼，建立法兰西第二帝国。

1848 年 3 月，德意志革命在普鲁士爆发。工人阶级在革命中表现出了英勇无畏的战斗精神，但资产阶级害怕工人阶级的斗争，掉转枪口进行镇压。结果普鲁士封建反革命势力利用军队的力量，解散了资产阶级国民会议。德意志革命结束时，国家没能实现统一，各邦仍处于分裂状态。

1848 年，意大利、奥地利、捷克、匈牙利等国都爆发了资产阶级民主革命，但都在内外反动势力的镇压下失败。

1848 年欧洲革命是在多个国家爆发的，几乎同时发生，具有很强的“国际性”，但革命并没有欧洲范围的统一领导力量。革命是资产阶级性质的，而工人阶级和广大人民群众却是革命的主力军。由于与广大工人阶级存在着激烈的阶级矛盾，革命的领导者资产阶级表现出了软弱性和妥协性。武装斗争起初取得了胜利，胜利果实多为资产阶级所占有，而资产阶级又与封建反动势力妥协、勾结，致使革命不能成功。但是，这场欧洲革命沉重打击了欧洲残余的封建专制制度，推动了 19 世纪五六十年代的资产阶级民族民主运动，有利于资本主义发展。马克思和恩格斯极为关注并积极参加了 1848 年的欧洲革命。革命失败后，他们进行了认真思考，总结了经验教训，丰富了马克思主义国家学说，为工人阶级和无产阶级革命斗争提供了更科学的理论武器。

马克思

恩格斯

➤ 4. 照亮世界的伟大思想

在工业革命影响下，世界各国的资本主义获得发展。随着资本主义的发展，19 世纪前半期工人阶级登上历史舞台。广大工人阶级受着残酷的剥削和压迫，为了改善生存条件，展开了与资产阶级的斗争。19 世纪上半期，英国、法国的工人都举行了针对资产阶级的罢工。1848 年的欧洲革命，工人阶级是重要力量，但工人阶级未能取得革命的成功。马克思和恩格斯充分吸收德国古典哲学、英国古典政治经济学和欧洲空想社会主义学说的合理内核，对资本主义社会经济状况和人类社会发展规律进行深入研究，亲自参与到工人阶级的伟大革命斗争中，对世界各地工人运动经验教训进行深刻总结，创造出了伟大的马克思主义，为世界各国的工人阶级开展革命斗争提供了指路明灯。

马克思和恩格斯终生致力于全人类的解放事业。在对人类历史和资本主义社会的深入研究中，提出了唯物史观和剩余价值学说，揭示了人类社会发展规律，找到了资本家剥削工人的秘密。他们用这两大发现指导实践，使空想社会主义发展为科学社会主义。他们在 1848 年发表的《共产党宣言》里，第一次较为完整系统地阐述了马克思主义基本原理，阐明了人类社会发展的客观规律，揭示了资本主义必将被共产主义所取代的客观真理，驳斥了当时对共产主义的种种污蔑，批判了形形色色非科学的社会主义思潮，明确宣称：共产党人的目的“只有用暴力推翻全部现存的社会制度才能达到。让统治阶级在共产主义革命面前发抖吧。无产者在这个革命中失去的只是锁链。他们获得的

Manifest
der
Kommunistischen Partei.
Veröffentlicht im Februar 1848.
Proletarier aller Länder vereinigt Euch!
London.
Gedruckt in der Office der „Bildungs-Gesellschaft für Arbeiter"
von J. E. Burghard.
46, Liverpool Street, Bishopsgate.

1848 年初版《共产党宣言》

将是整个世界。全世界无产者，联合起来！”《共产党宣言》的问世标志着科学社会主义的诞生，成为国际共产主义运动的行动指南。

马克思主义是人民群众的主义，是人类社会最进步的主义，是最推崇民主自由、最讲究公平正义的主义，是资产阶级的任何主义无法比拟的。在马克思主义所要构建的未来社会中，“每个人的自由发展是一切人的自由发展的条件”。马克思主义的诞生是人类文明发展史上的划时代飞跃，给人类文明的演进带来了新曙光！

5. 殖民压迫越重则反抗越强

随着资本主义的发展和工业革命的深入展开，西方列强加强了海外殖民扩张，19 世纪后半期殖民地半殖民地人民展开了令殖民主义者颤抖的反抗斗争。

19 世纪，英国是最强大的资本主义国家，是世界海洋霸主。从 1815 年到 1914 年的一百年，英国发动了一系列殖民侵略战争，完成了对印度的征服，将亚洲的马来亚、缅甸等国纳入自己的殖民统治之下，发动了对中国、伊朗、奥斯曼帝国、阿富汗等国的侵略战争，完成了对澳大利亚、新西兰等地的殖民侵占，在非洲和美洲加强了殖民扩张，建立起世界上最庞大的殖民帝国——“日不落帝国”。

19 世纪初期，俄国两次发动侵略伊朗的战争，迫使伊朗签订丧权辱国的条约。俄国逐步占领格鲁吉亚和阿塞拜疆。19 世纪下半叶，俄国加强了在东亚的扩张，迫使清政府签订不平等条约，割占了中国大片领土。美国独立后开始了扩张。19 世纪，通过战争抢夺、购买等方式，美国从墨西哥、西班牙、法国、俄国等国谋取了大片土地。同时，美国开展了所谓的“西进运动”，大规模驱赶和屠杀印第安人，占领印第安人的家园，直至扩张到太平洋沿岸。美国也在非洲利比里亚建立殖民地，加强在美洲的扩张，企图独霸美洲。19 世纪，法国也加强了海外殖民扩张，扩张重点在北非地区和东南亚地区，先后侵略阿尔及利亚、柬埔寨、越南等地。

殖民扩张、殖民统治必然遭到被压迫民族被压迫人民的反抗，广大殖民地半殖民地人民展开了广泛而激烈的反抗殖民统治、殖民侵略的武装斗争。下面略举三例。

1825 年，印度尼西亚人民起义，反抗荷兰殖民统治。起义军起初取得了一系列胜利，建立了伊斯兰王国。荷兰殖民者调集力量镇压，同时采取分化瓦解和诱降等手段，并以谈判为名，逮捕并流放了起义首领。起义虽然失败了，但沉重打击了荷兰殖民统治者，歼灭了 15000 多名殖民军。

1857 年，印度掀起了民族大起义。“涂油子弹事件”伤害了印度士兵的宗教感情，激起了普遍愤慨。英国殖民当局对士兵的反抗进行镇压，加速了起义爆发。起义者在印度传统政治中心德里首先获胜，起义的烈火燃遍了整个印度。英国殖民当局极力采取镇压措施，并施展政治分化手段，收买封建主。1859 年起义被镇压下去。

1868 年，古巴爆发了反抗西班牙殖民统治争取独立的战争。起义军坚持战斗数年。1877 年初，西班牙派遣 2.5 万援军前往古巴，在当地保王势力支持下，对起义军发起强大攻势，并以收买等手段分化革命队伍。起义军受挫，1878 年失败。

6. 俄国农奴制终于废除了

19 世纪中叶，当英国工业革命完成时，俄国农奴制还顽强地生存着。1858 年，俄国人口大约为 7400 万，其中 2300 万为私人拥有的农奴，2500 万为国家或其他机构拥有的农民或农奴，还有大约 200 万农奴为沙皇本人所有。农奴的文化程度低，生活困苦，受主人支配。随着俄国经济发展，农奴制遭到人民的强烈反对。

俄国进步知识分子坚决反对农奴制。著名诗人普希金创作了许多反对农奴制、讴歌自由的诗篇。他在《自由颂》中写道：

我要向世人歌颂自由，
我要抨击宝座的罪愆。
请给我指出那个高尚的
高卢人的尊贵的足迹，
是你在光荣的灾难中，
怂恿他唱出勇敢的赞美诗句。
颤抖吧，世间的暴君！
轻佻的命运的养子们！
而你们，倒下的奴隶，
听啊，振奋起来，去抗争！

普希金

《伏尔加河上的纤夫》

这样的诗句充分表达了俄国人民对沙皇专制和农奴制的痛恨。

俄国由于坚持封建专制和农奴制，资本主义发展缓慢。到19世纪中叶，与英法等资本主义先进国家相比，俄国明显落后了。俄国在克里米亚战争中的失利，加剧了人民对农奴制的痛恨。俄国农民和革命民主主义者坚持主张走“自下而上”废除农奴制的道路。1858—1860年间，发生了约三百次农民暴动；平民知识分子积极组织“自下而上”消灭农奴制的行动。在这种情况下，1861年2月，沙皇亚历山大二世签署了废除农奴制的法令。尽管废除农奴制的改革有其局限性，但适应了生产力发展需要，促进了俄国资本主义发展。接着，俄国还进行了其他有利于资本主义发展的改革，有力地推动了俄国经济社会发展。

➤ 7. 明治维新改变了日本

1868年，日本发生了明治维新。这是日本从封建社会向资本主义社会转变的标志。

日本德川幕府从17世纪30年代起，实行锁国政策，严格限制对外贸易，仅允许中国、朝鲜、荷兰等国在长崎进行贸易；严禁日本船只出海经商，严禁日本人与海外往来。这种锁国政策在19世纪50年代被打破。1853年，美国海军将领佩利率领舰队驶入日本港湾，以大炮威胁，要求开放港口，并限期一年给予答复。1854年，佩利再次率领舰队来到日本。在美军武力胁迫下，日本幕府接受了开港

美国海军将领佩利率领舰队驶入日本港湾

要求，双方签订了条约，日本被迫同意开放下田、函馆等港口，以供美国商人进行贸易，并且同意美国在下田设立领事馆。不久，英、俄、法、荷等国也强迫日本签订类似条约。1858 年，美国又强迫日本签订不平等条约，规定日本开放更多港口给美国商人，美国获得了更多权益。

幕府后期封建专制统治十分腐朽，严重阻碍了社会发展，人民生活困苦，一些大名、武士也对幕府专政统治十分不满。19 世纪 50 年代末期，发生了资产阶级性质的“尊王攘夷运动”，要求改革幕府，排斥外夷。下层群众的反抗斗争风起云涌，“尊王攘夷运动”也演变成了“倒幕运动”——推翻幕府，学习西方，以实现富国强兵。

1868 年，德川幕府被推翻；日本改元“明治”，实行明治维新。

新政府成立后，采取了重大改革举措，涉及行政、社会、土地、税务等方面，封建专制的日本逐渐变成资本主义国家。同时，明治政府实行了三大政策：“殖产兴业”“文明开化”“富国强兵”。这些改革举措和新政策的实施，促进了日本资本主义发展，使日本走上了富强之路。日本很快就加入了殖民列强的行列，走上了殖民扩张道路。

8. 中国探索国家的出路

鸦片战争后，中国逐步沦为列强的半殖民地。中国人民不仅遭受封建专制统治，还遭受列强的压迫。19 世纪中叶，中国人民发动了太平天国起义，一方面要推翻腐朽的清王朝的封建专制统治，另一方面反抗西方侵略者，遭到清王朝和西方殖民主义者的共同镇压。

在内忧外患压力下，同治年间，封建统治阶级中的一些有识之士提出“自强”“求富”的方案，发动了学习引进西方先进科技的洋务运动。在“中学为体、西学为用”思想的指导下，洋务运动引进西方先进的科学技术，兴建了一批近代企业，客观上促进了中国民族资本主义的产生和发展。但是，洋务运动没有效法当时属于先进的西方资本主义政治制度，在清朝腐朽没落的封建专制统治下，不可能真正实现富国强兵的目的。洋务运动本身就存在着严重的封建官僚腐败气息。在 1894 年爆发的中日甲午战争中，中国败于日本，向国人宣告：30 多年洋务运动并未使中国真正实现富国强兵。

康有为

梁启超

甲午战争失败，清政府被迫签订《马关条约》，丧权辱国，割地赔款，进一步加深了中华民族的危机。列强已呈瓜分中国之势。一批有识之士深刻感受到再不变革图强，中国就会亡国。在这种历史背景下，中国兴起了资产阶级改良运动。《马关条约》签订的消息传到北京时，康有为、梁启超联络来京参加会试的1300多名举人"公车上书"，要求"拒和、迁都、变法"。维新派代表康有为多次上书光绪皇帝。以光绪为首的帝党也感到要实行变法。在第五次上书中，康有为讲，若再不变法，皇帝和大臣们想当普通百姓的机会都没有了。

1898年，光绪皇帝颁布诏书，宣布变法。变法期间，光绪皇帝颁布了一系列变法诏令。然而，清廷中央以慈禧太后为首的后党反对变法。结果慈禧囚禁了光绪帝，并下令搜捕维新派重要人物。谭嗣同、康广仁、林旭、杨深秀、杨锐、刘光第六人被杀。谭嗣同临刑前悲壮地说："有心杀贼，无力回天，死得其所，快哉快哉。"许多赞同维新的官员被革职。除设立京师大学堂外，变法新政全部废止。变法历时 103 天即告结束，史称"百日维新"。

戊戌变法是一次爱国救亡运动，也是中国近代史上一次重大政治事件，虽然失败了，但它发挥了思想启蒙的作用，推动了中国近代社会进步和变革。无疑，变法失败以铁的事实揭示出：中国只能走革命救国的道路，而无法走改良救国的道路！

9. 亚非变革图强的尝试

19 世纪，亚洲诸封建王朝均面临着西方列强殖民扩张的巨大挑战，不变革图强就意味着亡国。在这种情况下，除中国、日本外，亚洲其他一些封建王朝也做出了变革图强的尝试。

18 世纪后半期 19 世纪上半期，伊朗屡遭列强欺压和侵略，沦为半殖民地。1848 年，伊朗新国王继位，实行新政，采取遏制腐败、加强军队建设、促进工业发展等举措。但改革遭到封建贵族、高级阿訇和西方列强的反对，最终失败。后来，伊朗的改革在磕磕绊绊中缓慢前行。

奥斯曼帝国与欧洲国家为邻，更容易感受到欧洲兴起和列强扩张的压力。随着对外战争的失利，18 世纪末到 19 世纪中期，奥斯曼封建统治者进行改革。1839 年的"御园敕令"，宣布保证帝国全体臣民不分宗教信仰一律享有人身、名誉和财产不可侵犯的权利，颁布改组法院、政府机关、军队和教育机构的法令。国内封建保守势力的破坏和西方资本主义国家的反对，使许多改革举措不能实施。改革的受阻，使这个曾经傲视亚欧大陆的封建大国，逐渐沦为任由欧洲列强宰割的“近东病夫”，陷入衰落解体之中。第一次世界大战时，奥斯曼帝国加入德国一方参战，战败后帝国解体，只剩下土耳其了。

非洲一些国家也进行了变革图强的尝试。马达加斯加位于非洲东海岸的印度洋上，19 世纪初完成全岛统一，进行近代化改革，建立一支近代装备的常备军，实行开放政策，进行社会改革，废除奴隶制。改革促进了生产力的发展，开启了近代化的进程。但后来在外国特别是法国侵略下，近代化流产。19 世纪下半叶，法国不断侵略马达加斯加，变其为殖民地。

埃及长期是奥斯曼帝国的一个行省，受欧洲的影响也比较大。穆罕默德·阿里当政期间，实行了一系列改革，促进了生产力的发展和阿拉伯文化的繁荣，培养了一批具有先进思想和科学技术知识的人才，加强了埃及的统一。但埃及的改革受到欧洲列强的干涉，埃及逐步沦为半殖民地。

为了巩固国家统一，促进社会进步，埃塞俄比亚也进行了改革，引进西方技术，发展本国工业。但英国殖民者暗中支持埃塞俄比亚地方封建诸侯发动叛乱，干扰和干涉改革，致使改革失败。

埃及总督穆罕默德·阿里

AUX MORTS
DE LA COMMUN
21-28 Mai 187

九

为了部分人还是为了全人类

人类社会发展到19世纪下半叶，科学技术得到了前所未有的发展，生产力得到极大提高，自由资本主义向垄断资本主义过渡。与此同时，随着工人阶级的壮大，在马克思主义指导下，国际共产主义运动掀开了历史新篇章，逐步展开为全人类谋解放、谋幸福的伟大斗争。

1. 科学技术大发展

19世纪是科学技术大发展的世纪，近代科学在天文学、地质学、物理学、数学、生物学、化学等领域都取得了巨大进步。

在天文学方面，天文观测技术取得了进步，望远镜得到改进，发明了天体照相术和光谱学技术。科学家们利用新技术，对宇宙空间能够进行更好的观测，不断加深对宇宙的认识，提出了天体演化理论。法国数学家和天文学家拉普拉斯（1749—1827年）完善了德国学者康德的星云说，批判了牛顿用“全智全能的上帝的创作”来解释太阳系结构的错误观点。18世纪下半叶到19世纪上半叶，是地质学的最终形成时期。英国学者赖尔（1797—1875年）出版了《地质学原理》一书，确立了地质科学体系，标志着地质学新时代的开始和地质学作为一个新学科的确立。

在物理学方面，19世纪确立了能量守恒定律，并且开展了热力学研究。德国科学家迈尔是第一个提出能量守恒定律的人。英国物理学家法拉第是19世纪电磁研究领域最伟大的实验家。德国物理学家赫兹证实电磁波具有光的一切性质，从此电磁波和光波被确认为同一种波动。科学家们在生物学领域确立了细胞学说和进化论思想。英国科学家达尔文是进化论的集大成者。他曾长期环球考察，大量事实使他确信物种不是由上帝创造的，而是进化的，一个物种由另一个物种演变进化而来。在化学方面，科学家们提出了原子论和元素周期律，推动了有机化学的发展。

美国莱特兄弟发明的飞机

20世纪初，世界的一项重大科技创新是飞机的发明。1903年，美国莱特兄弟首次试飞了完全受控、依靠自身动力、持续滞空不落地的飞机。这是世界上第一架飞机。莱特兄弟首创了让飞机能受控飞行的控制系统，为飞机的实用化奠定了基础。

新的工业革命促进了社会生产力的发展和产业结构的变化，形成了电力、化学、通信、石油、冶金、军工等一大批技术密集型新兴产业，使技术体系从机械化时代进入电气化时代。新的工业革命也加速了垄断资本主义的形成，引发了生产关系的变革。新的工业革命也促使了资本主义大国发展的不平衡，后发国家赶超先发国家，美国、德国、日本迅速崛起，加剧了资本主义大国之间的竞争。

2. 列强的新变化

随着科学技术进步，19世纪晚期到20世纪初期，主要资本主义国家快速发展，德国、美国和日本迅速崛起，世界格局发生重要变化。

德国的崛起是由普鲁士自上而下的改革开启的。随着工业革命的进行，普鲁士的经济实力和军事实力不断增长，“铁血宰相”俾斯麦主张用铁与血来解决种种重大问题。他把实力和灵活外交结合起来，在19世纪60年代中期至70年代初的三次战争中，先后击败丹麦、奥地利、法国，实现“小德意志”（不包括奥地利）统一。国家统一推进了工业革命的开展和社会经济的转型。约至1890年，德国完成了由传统农业社会向工业社会的转型，20世纪初成为欧洲第一工业强国。俾斯麦下野后，德国推行“世界政策”，陷入与英、法、俄争夺霸权的激烈矛盾冲突中，表现出浓厚的封建军国主义色彩。在第一次世界大战中，德国战败，国家崛起中断。

美国的崛起进程可以说从1783年开始。独立以后的工业革命、“西进运动”、农业发展，为美国崛起奠定了坚实基础。美国内战以后，北方“工业区”战胜了南方的“农业区”，废除了奴隶制度，采取了一系列促进工业发展的举措。美国工业地位在国际上不断提高，19世纪80年代末90年代初上升到第一位，美国取代英国成为世界第一工业大国。在两次世界大战期间，美国相对孤立于世界事务，参战较晚，利用他国战争之机，大发战争财。第二次世界大战后，美国成为超级大国。美国崛起改变了世界格局，终结了十五、十六世纪以来欧洲在世界格局中的中心地位，但也扩大了西方文明在世界范围的影响。

日本是近代亚洲唯一崛起过的国家。日本的崛起进程短、速度快。19世纪中叶，日本也面临着沦为半殖民地的危险，曾被迫与西方列强签订不平等条约。从1868年起，日本实行明治维新，进行了一系列变革，全力学习西方，甚至提出“脱亚入欧”，努力移植西方经济制度，这极大地推动了日本经济发展，1874 年至 1890 年间，年均增速为 12.1%。到 19 世纪末期，日本崛起为世界主要资本主义国家之一。崛起之后的日本，开始侵略中国和朝鲜，强迫中国和朝鲜签订了不平等条约，侵占中国和朝鲜领土。

19 世纪末期和 20 世纪初期，德国、美国、日本崛起的同时，整个资本主义社会发生了明显变化。各国经济发展较快，政治制度进一步完善，劳工福利有所改善，文化教育事业得到新发展，自由资本主义实现了向垄断资本主义的过渡。

3. 垄断的资本主义

当垄断资本主义走上世界历史舞台时，帝国主义也就走上了世界历史舞台。帝国主义是资本主义的垄断阶段，是资本主义的最高阶段。

19 世纪后期，资本主义向垄断过渡。随着科学技术的发展，企业规模越来越大，要求的资本也越来越多，于是股份公司开始得到广泛发展，资本与生产迅速集中。生产的集中引起了垄断组织的产生。到 19 世纪末期，垄断组织在发达资本主义国家普遍发展起来，成为社会经济生活的基础。

在工业生产集中并形成垄断的同时，银行资本的集中和垄断也达到很高程度。它们控制了社会工商业经营，与工业资本相融合，形成“金融资本”，产生了“金融寡头”，控制着国家政治和国民经济命脉。垄断资本家把大量的“过剩资本”输往落后国家和地区，利用其丰富资源和廉价劳动力，攫取高额利润。

垄断组织的出现是生产力不断发展的结果。它使生产得到某些局部调整，以适应市场变化，某种程度上对改善企业经营管理、降低成本、提高质量、提高生产率更为有利。但是，垄断组织的出现也意味着资本主义的剥削性加强了。垄断的形成伴随着食利者阶层的出现和殖民掠夺的加剧。垄断资本主义把自己的势力伸向全世界，奴役殖民地半殖民地人民。垄断资本的扩张促使各地区经济联系加强，但它构建的世界经济关系和国际秩序是不公平、不正常的。帝国主义必然遭到被压迫地区被压迫人民的反抗。

4. 肮脏的世界瓜分

19 世纪末 20 世纪初是列强瓜分世界的重要时期。到 1876 年，英、法、葡、西、荷等国大约侵占了非洲 10.8% 的领土。19 世纪后期，列强掀起了瓜分非洲的高潮。英、法、德分别制订了瓜分非洲大陆的计划，并付诸实施。参与瓜分非洲的国家还有意大利、比利时、西班牙、葡萄牙等。列强在瓜分非洲的过程中，既相互激烈争夺，又召开会议协调共同分赃行动。到第一次世界大战爆发时，除埃塞俄比亚和利比里亚保持着政治独立外，非洲几乎被列强瓜分完毕，法英两国占领的殖民地领土最大。许多殖民地边界的划分是殖民主义者在会议室的地图上用铅笔划定的，边界呈直线，严重地分割了本应在同一政治实体中生活的族群。这为后来争得独立的非洲国家留下了深重祸患。列强瓜分非洲后，推行“同化政策”，大肆进行殖民掠夺，给殖民地带来了深重灾难。

《时局全图》

在亚洲，日本占领了朝鲜，俄国占领了中亚一些地方，列强瓜分了太平洋上的岛屿。俄、法、英、日、德等国在中国掀起了瓜分狂潮，纷纷在中国谋取殖民特权，形成势力范围。中华民族陷入深重灾难，面临着亡国灭种的危险。

19 世纪末 20 世纪初，列强在重新瓜分世界的过程中，争斗激烈。代表性的战争有三次：英布战争、美西战争、日俄战争。英国与荷兰殖民者的后裔布尔人之间，为了争夺南部非洲的殖民地，打了三年的仗，布尔人最终战败。美国与西班牙为争夺殖民地爆发战争，结果美国得到了西班牙在亚洲和美洲的一些殖民地。日本与俄国为争夺在中国东北和朝鲜的侵略权益，在中国领土上进行了一年多的战争，结果俄国战败，把在中国东北的部分殖民权益和在朝鲜的特权转让给日本，割让库页岛南部。

1870—1900年，英、俄、法、德、美、日六个帝国主义国家共夺得殖民地领土2500万平方千米，殖民地面积由原来的4000万平方千米增加到6500万平方千米。到1914年，这六个国家和其他殖民国家如葡、荷、比等，所占殖民地面积总和达到了7490万平方千米。20世纪初，世界地图上布满了殖民帝国。大英帝国最为庞大，世界各大洲都有帝国领土，称为“日不落帝国”，其领土约占世界陆地总面积的四分之一，帝国人口约占世界总人口的四分之一。

19世纪末20世纪初，在列强瓜分和重新瓜分世界的浪潮中，列强之间在争夺霸权和殖民地的相互矛盾与冲突中，形成了两大帝国主义集团，一方以德国和奥匈帝国为主，一方以英、法、俄为主。两大军事集团的形成，为世界大战爆发做好了准备。

➤ 5. 国际共运新篇章

19世纪下半叶，随着自由资本主义向垄断资本主义过渡，各国工人队伍壮大起来，国际共产主义运动蓬勃发展，揭开了历史的新篇章。

1864年，英、法、德、意、波等国的工人代表在伦敦成立第一国际，这是世界无产阶级的第一个国际联合组织。马克思和恩格斯参加了协会的领导工作，并为协会起草了成立宣言和临时章程。第一国际确立了马克思主义的指导地位，积极组织和支持工人罢工，支援民族独立斗争；第一国际坚持了10余年的斗争，于1876年正式宣布解散。

在十多年的工作中，第一国际的一个重要成就是促使巴黎公社革命爆发。1871年3月18日，巴黎工人爆发革命，建立了巴黎公社，这是世界上第一个无产阶级政权。巴黎公社采取了一系列革命举措，体现了人类社会的先进理念和对建立公平公正社会的追求。法国资产阶级政府与普鲁士军队相勾结，共同镇压了巴黎公社。5月27日，

巴黎公社社员墙

最后一批200名巴黎公社战士与5000名反动政府的士兵展开肉搏，大部分壮烈牺牲，被俘者全部被枪杀于拉雪兹神父公墓的一堵墙下，这堵墙被称为“公社社员墙”。巴黎公社从革命爆发，到最终失败，只坚持了两个多月，法国工人阶级付出了巨大牺牲。巴黎公社的失败是对世界工人运动的一个沉重打击，是国际共产主义运动遭受的重大挫折。然而，巴黎公社革命是人类历史上的伟大尝试，留下了宝贵的经验和教训。马克思对巴黎公社失败的经验进行了认真总结，得出了必须建立无产阶级革命武装、必须建立无产阶级专政的国家机器、必须建立无产阶级革命政党等重大结论。在巴黎公社革命精神鼓舞下，《国际歌》得以创作出来，并在无产阶级当中迅速传播开来。

19世纪七八十年代，世界工人队伍不断壮大，工人运动重新高涨，马克思主义在工人运动中的影响不断扩大，工人政党和团体在欧美各国普遍建立起来。1889年7月14日，第二国际在巴黎诞生，积极开展反对资本主义和帝国主义的斗争。第二国际内部成分非常复杂，第一次世界大战爆发后，第二国际的大多数党支持本国政府参加帝国主义战争。第二国际实际上陷入破产。

第二国际的一个重要成果就是列宁主义的诞生。列宁是马克思、恩格斯之后伟大的无产阶级革命导师，是苏联共产党（布尔什维克党）和苏维埃社会主义共和国联盟的创始人。列宁在领导俄国革命实践活动中，坚持把马克思主义与俄国革命实际相结合，分析了帝国主义的本质和特征，深入研究了资本主义发展到帝国主义阶段的规律，创造性地提出了社会主义“一国胜利论”，运用和发展了马克

列宁

《被剥削劳动人民权利宣言》手稿

思主义，形成了列宁主义。列宁主义是帝国主义和无产阶级革命时代的马克思主义。

6. 亚洲民族在觉醒

到 20 世纪初，除了个别国家外，整个亚洲都沦为西方列强的殖民地或半殖民地。殖民主义与帝国主义的压迫和落后腐朽的封建专制主义，严重阻碍了亚洲国家的发展，使广大人民群众遭受深重苦难。为了救亡图存，亚洲人民于 19 世纪末 20 世纪初掀起了反对帝国主义、封建主义的斗争高潮。

1906 年，印度国大党通过了要求印度自治的决议。在国大党领导下，印度掀起了反对英国殖民统治的斗争高潮。英国殖民当局采取“分而治之”手法，破坏印度民族主义阵营的团结。1908 年，因国大党领袖被逮捕，印度民族主义运动暂时转入低潮。

1905 年 12 月，伊朗爆发资产阶级革命。德黑兰群众举行抗议示威，要求改革，召开国会，得到全国各地响应。为了维持岌岌可危的统治，国王满足了革命群众的要求。1907 年，伊朗人民在北部地区建立了自己的政权机关和革命武装，得到全国响应。英俄两国公然干涉伊朗革命。面对外国干涉势力，伊朗人民极为愤怒，高喊“不独立，毋宁死”。英俄两国对伊朗革命进行公开镇压，向革命力量发起进攻。伊朗的反革命集团趁机在德黑兰发动政变，占领了国会大厦，解散国会，大规模屠杀革命者。卡扎尔王朝恢复专制统治。

奥斯曼帝国于 1908—1909 年发生资产阶级革命，“青年土耳其党”发动起义，并在新召开的国会选举中获胜，掌握政权；后来实行亲德政策，在第一次世界大战中加入同盟国集团。

中国人民也掀起了反对帝国主义和封建主义的斗争高潮。1900 年，八国联军入侵中国，义和团运动掀起了波澜壮阔、可歌可泣的反帝斗争，沉重地打击了帝国主义侵略者，粉碎了列强瓜分中国的图谋。1905 年，中国同盟会在日本成立，喊出了“驱除鞑虏，恢复中华”的口号。1911 年，辛亥革命爆发，拉开了中国完全意义上的近代民族民主革命的序幕，得到全国响应，腐朽的清王朝迅即崩溃。1912 年 1 月 1 日，孙中山在南京宣誓就职临时大总统，改国号为中

孙中山

中華民國臨時約法
中華民國臨時約法
第一章 總綱
第一條 中華民國由中華人民組織之
第二條 中華民國之主權屬於國民全體
第三條 中華民國領土爲二十二行省內外蒙古西藏青海
第四條 中華民國以參議院臨時大總統國務員法院行使其統治權
第二章 人民
第五條 中華民國人民一律平等無種族階級宗教之區別
第六條 人民得享有左列各項之自由權
一 人民之身體非依法律不得逮捕拘禁審問處罰
二 人民之家宅非依法律不得侵入或搜索
三 人民有保有財產及營業之自由
四 人民有言論著作刊行及集會結社之自由
臨時約法
一

《中华民国临时约法》

华民国。不久，以袁世凯为首的大地主和买办资产阶级窃取了辛亥革命果实，中国社会进入北洋军阀的反动统治时期。尽管南京临时政府失败了，但其各项努力是具有理论价值和历史意义的。

亚洲的反帝反封建革命运动，在亚洲乃至世界历史上都具有重大意义，是亚洲民族解放运动取得胜利的前奏，给人类文明的发展演进带来新的曙光。

两次世界大战时期的世界

帝国主义意味着战争；弱肉强食是帝国主义者行事准则；战争是他们争夺利益、解决争端的惯用手段。而且，随着军事技术的提高，国家动员能力的加强，战争规模变得更大了，更加具有国际性和破坏性。20 世纪上半叶，爆发了人类历史上空前规模的战争：第一次世界大战和第二次世界大战。

➤ 1. 第一次世界大战

20 世纪初期，欧洲战云密布，多次爆发局部冲突。奥匈帝国皇储斐迪南是一位积极主张战争的军国主义者，奥匈帝国为了向塞尔维亚炫耀武力，1914 年 6 月 28 日，在邻近塞尔维亚边境地区举行军事演习。斐迪南夫妇参加完军事检阅后，返回被奥匈帝国吞并不久的波斯尼亚首府萨拉热窝，被出生于波斯尼亚的塞尔维亚族青年普林西普枪杀。这一事件成为第一次世界大战的导火索。

奥匈帝国以此为借口，对塞尔维亚不依不饶，伺机吞并塞尔维亚。7 月 26 日，奥匈帝国在德国支持下，对塞尔维亚宣战。俄国一向以斯拉夫东正教小国保护者自居，不能容忍奥匈帝国对塞尔维亚的进攻，7 月 30 日开始总动员，得到法国声援。7 月 31 日，德国向俄法两国同时发出最后通牒，遭到拒绝后，于 8 月 1 日向俄国宣战，8 月 3 日向法国宣战。8 月 4 日，德国侵入比利时，英国对德宣战。第一世界大战的烈火在欧洲熊熊燃起。英帝国的自治领加拿大、澳大利亚、新西兰等也加入了战争；奥斯曼帝国加入德奥一方参战；日本加入协约国一方参战；美国等其他一些国家后来也加入了战争；中国于 1917 年加入协约国一方。

第一次世界大战战场主要在欧洲，欧洲战场主要有四条战线。在西线，英、法、比军队与德军对抗。在东线，俄军与奥匈帝国、德国军队对抗。在巴尔干战线，主要是塞尔维亚、罗马尼亚、希腊

萨拉热窝事件

的军队与奥匈帝国和保加利亚的军队对抗。在意大利战线，意大利军队在英法军队支持下对抗奥匈帝国军队。此外，还有近东战线、高加索战线。西线和东线是主要战线，西线具有决定性意义。

1914 年战争开始后，德国集中优势兵力于西线。9 月，爆发了马恩河战役，英法军队取得胜利，德军被迫后撤。这次战役宣告德国短时期内打败法国的计划破产。西线战争逐渐转入僵持的阵地战。1915 年德国将重心东移，虽然获得巨大胜利，但是没有根本改变东线的形势，也逐渐陷入阵地战。

1916 年是决定性的一年，在西线和东线爆发了三大战役。1916 年 2 月，德国用 50 个师的兵力向凡尔登一带发动进攻，法军及时增援，稳住了防线。12 月战役结束，战线回到原地，德国还是没有实现打败法国的设想。为减轻凡尔登方面的压力，1916 年 6 月 24 日，英法军队发起了索姆河战役。这是第一次世界大战中最大的一次战役，地点在法国北部，是一场阵地战、消耗战。这场战役 11 月结束，英法军队没有实现突破德军阵线的预期目标，双方均付出重大伤亡。为配合英法在西线作战，俄军于 1916 年 6 月向同盟国军队发起过强大的攻势。

1917 年，总体上看，协约国略占上风，但也是苦苦支撑。德军在各条战线基本上处于守势，在陆上加强和完善西线防御阵地。旷日持久的消耗战让德国认识到，必须切断英国源源不断的海外补给，才能打赢这场战争。因此，德国潜艇大量下水，对英国进行海上反封锁，期望切断英国海外物资供应，让英国因饥饿而投降，那么打败法俄就顺理成章了。德国没料到自己的如意算盘，被美国打翻了。

1917 年 2 月，德国发起了无限制潜艇战，事先不发出警告，就可击沉任何开往英国水域的商船。这一战术威胁到美国船队，损害了美国利益，引起美国的不满。1917 年 4 月 6 日，美国对德宣战。美国参战立即显示出强大的战争潜力，令德国叫苦不迭。

1917 年，俄国爆发了二月革命和十月革命。十月革命后的第二天，苏俄即向所有交战国提出休战建议，并宣布退出战争。这让德国在东线松了口气，终于能腾出手来攻打西线，美梦又重新燃起。但是进入 1918 年，由于美军参战，协约国优势明显，组织反攻，德军节节败退。1918 年 11 月 11 日，德国被迫签订停战协定，第一次世界大战结束。

这场战争是人类的浩劫。动员人力总共达 6500 万，军人死亡 900 万，伤 2200 万，其中 700 万为终身残疾；数千万平民死于战火、疾病和战争引起的贫困。1917 年中国加入协约国参战后，向欧洲战场派出了十多万劳工，不少劳工死于战场。战争让和平变得弥足珍贵。

第一次世界大战实质上是两大帝国主义集团的非正义战争，对人类社会造成极大破坏。战争使欧洲列强严重削弱，美日两国利用战争之机增强了自己的力量。战争引起了一系列革命，也促进了民族解放运动的新发展。

2. 社会主义的兴起

沙皇俄国进行的帝国主义战争，让俄国人民吃尽了苦头，前方频频传来军事失利的消息，人们的不满终于爆发了。1917 年 3 月（俄历 2 月），俄国爆发了资产阶级民主革命。沙皇统治瞬间土崩瓦解，统治俄国三百多年的罗曼诺夫王朝终于被推翻了，二月革命取得胜利。

二月革命后，俄国出现了资产阶级临时政府和工兵代表苏维埃并存的局面。资产阶级临时政府继续进行令人厌恶的战争，对工人、农民的基本要求置之不理，一味维护资产阶级和地主的利益，双方矛盾迅速上升。人民翘首以盼领袖列宁。1917 年 4 月 16 日，列宁回国，在车站广场的装甲车上，向欢迎他的群众发表演说，提出“社会主义革命万岁”的号召。17 日列宁在党的会议上作了著名报告《四月提纲》。列宁指出，革命的根本问题是政权问题；现在资产阶级民主革命已基本完成，党的任务是使政权转到无产阶级和贫苦农民手中。1917 年 8 月，布尔什维克党在彼得格勒举行第六次全国代表会议，选举了以列宁为首的中央委员会，做出了关于武装起义的决定。1917年11月6日，武装起义爆发；11月7日（俄历10月25日）上午，首都圣彼得堡几乎全部落到起义者手中，下午“阿芙乐尔”号巡洋舰向冬宫开炮，临时政府被推翻，十月革命取得胜利。

十月革命是人类社会发展进程中的划时代事件，具有伟大的历

列宁宣布苏维埃政权成立

史意义。一是把马克思主义关于无产阶级革命的理论变成了现实，开启了无产阶级革命的新时代。二是建立了世界上第一个社会主义国家，开辟了人类历史的新纪元。三是沉重打击了帝国主义，鼓舞了资本主义国家的革命运动。四是激励了殖民地半殖民地的民族民主革命运动，开启了世界民族解放运动的新阶段。五是促进了马克思列宁主义的传播和一大批无产阶级政党的建立。

十月革命的胜利引起了帝国主义国家政客们的恐慌，他们担心自己的国家也爆发革命，决心扼杀新生的革命政权。于是协约国勾结和支持俄国反动势力，从 1918 年 3 月开始武装干涉苏俄，英国、美国、日本等十多个国家派军队进占苏俄沿海地区，刚刚开始的和平生活被破坏了。苏俄人民在列宁的领导下，开展了艰苦的反对国外武装干涉和国内反革命叛乱的正义斗争。英勇的红军力量不断壮大，到 1920 年粉碎了国内外敌人的进攻，保卫了新生的苏维埃政权。1922 年 10 月，外国武装干涉力量被全部逐出苏俄领土。

十月革命一取得胜利，列宁领导的布尔什维克党就开始进行伟大的社会主义建设实践，农民获得了梦寐以求的土地，开始了将一切工厂转为苏维埃国家所有的进程，帝俄时期民族压迫政策被清除，苏维埃共和国成立。十月革命的胜利和苏联社会主义建设伟大实践的开创，标志着人类文明进入了一个新阶段！

3. 分赃的巴黎和会

巴黎和会是结束第一次世界大战的会议。这次会议是在欧洲处于革命高潮的形势下召开的，作为战胜国的与会列强一方面要商讨如何处置战败国，另一方面要防止革命浪潮在欧洲蔓延，还要考虑如何对付新生的社会主义苏俄。在巴黎和会上唱主角的几个大国是英、法、美、意、日，苏俄没有参加和会，德国等国是战败国，只有听候列强处置。1919 年 1 月 18 日，巴黎和会在凡尔赛宫召开。6 月 28 日签订了协约国对德和约《凡尔赛和约》；稍后还与奥地利、土耳其等国签订了条约。这些条约合称为“巴黎和平条约”。

《凡尔赛和约》是宰割德国的条约。主要内容包括：德国割让阿尔萨斯和洛林给法国；承认波兰、捷克斯洛伐克独立；萨尔煤矿区

巴黎和会四巨头

由法国开采 15 年，其行政权由国际联盟代管 15 年，再由公民投票决定归属；德国与奥地利不得合并；禁止德国实行义务兵役制；德国陆军被限制在 10 万人以下；莱茵河左岸的领土由协约国军队占领 15 年，右岸 50 千米以内为不设防区。和约还剥夺了德国全部海外殖民地，由主要战胜国以“委任统治”形式瓜分。太平洋德属领地分别被英日等国瓜分；非洲的多哥和喀麦隆由英法瓜分；德属东非的坦噶尼喀归英国；卢旺达—乌隆迪归比利时。协约国赔偿委员会决定，德国共需赔偿 1320 亿金马克。《凡尔赛和约》让德国人极为不满。

根据巴黎和会的条约，奥斯曼帝国部分领土也作为国联委任统治地被英法两国占有。

总体上，巴黎和会是一次帝国主义列强的分赃会议。中国是战胜国之一，派代表参加了会议，但列强不顾中国反对，将德国在中国山东攫取的侵略权益转交给了日本，而不归还中国。这激起了中国人民的极大愤慨，成为五四爱国运动爆发的导火索。迫于压力，中国代表拒绝在和约上签字。

巴黎和会若有什么创新之处，那就是成立了国际联盟。国际联盟标榜促进国际合作，维护国际和平与安全，实际上是英、法等资本主义大国争夺霸权的工具。美国没有参加国联；苏联被长期拒之门外；日、德、意相继退出。国际联盟对维护国际和平没有发挥多少作用。联合国成立后，国际联盟宣布解散。

通过巴黎和会，列强在欧洲、中东等地构建了战后资本主义世界秩序——凡尔赛体系。巴黎和会对战败国极为苛刻，必然导致战败国与战胜国之间矛盾加剧。在建立凡尔赛体系过程中，帝国主义国家最初企图消灭苏俄，继而企图孤立苏俄，把凡尔赛体系变成了反苏反共的工具。巴黎和会后，由于美国参议院拒绝批准《凡尔赛和约》，美国未加入国际联盟。因此，战胜国通过对战败国缔结和约的方式建立新秩序的企图，未能完成。列强在亚太地区的矛盾也没有解决。

第一次世界大战之前，亚太地区的霸权角逐者包括英、法、俄、德、美、日等国。战后，美日矛盾最为突出；英日之间也有矛盾，但仍保持着同盟关系。为了协调大国矛盾，1921 年 11 月，美、英、日、中、法、意、比、荷、葡九国在华盛顿开会。12 月，美、日、英、法签订了《四国条约》，缔约各国同意相互尊重它们在太平洋区域内岛屿属地和领地的权利；英日同盟终止，取而代之的是四国同盟。1922年2月，美、英、法、意、日签订了关于限制海军军备的条约，称为《五国海军条约》。条约承认了美英海军力量对等原则，标志着英国海上霸权从此结束，使日本扩军计划受到一定限制。会议还签订了《九国公约》，核心是列强确认并同意把“门户开放”“机会均等”作为它们共同侵略中国的原则，使中国恢复到几个帝国主义国家共同支配的局面。

华盛顿会议是巴黎和会的继续，承认美国在亚太地区占有相对优势，建立了战后帝国主义列强在亚太地区的国际关系构架。这样，第一次世界大战后形成了“凡尔赛—华盛顿体系”。这个体系暂时协调了帝国主义列强之间的矛盾，并没有消除它们之间的矛盾。

4. 民族解放运动

第一次世界大战和巴黎和会导致世界版图与国际格局发生重大变化。在版图变化方面，欧洲和近东的变化最为明显。德国战败，被迫割地赔款，一时国力大为削弱。奥匈帝国解体，奥地利、匈牙利单独成立国家，捷克斯洛伐克成为新国家，波兰、南斯拉夫、罗马尼亚等占据了奥匈帝国部分领土。奥斯曼帝国的部分地区成为英法两国的委任统治地，奥斯曼帝国完全成为土耳其了。

从大国的实力变化上看，英、法、意等国虽然是得胜国，也得

共产国际徽章

到不少战利品，但战争创伤使其国力严重削弱。欧洲之外的美国和日本国力上升。这样，在世界格局中，欧洲地位下降，美日地位上升。

世界形势的最大变化是苏联的诞生，帝国主义沙皇俄国变成社会主义苏联。十月革命促进了国际共产主义运动的发展。在列宁和布尔什维克党的努力下，1919 年 3 月在莫斯科召开了国际共产主义代表大会，参加大会的有来自 21 个国家 35 个政党的代表。这就是共产国际（第三国际）的成立大会。社会主义国家的诞生和共产国际的成立，极大推动了国际共产主义运动的发展。

随着国际共产主义运动的发展，广大殖民地半殖民地爆发了广泛的反殖反帝斗争。1919 年 3 月，朝鲜爆发了反抗日本殖民统治的起义。3 月 1 日，30 万群众举行游行示威，高呼“朝鲜独立万岁”“日本人和日本军队滚出朝鲜”等口号。日本占领军对示威群众实行血腥镇压，激怒了朝鲜人民，反日示威立即转为武装起义。起义被日本殖民主义者残酷镇压。这是朝鲜历史上一次声势浩大的民族解放运动。

1919 年中国爆发了反对帝国主义、封建主义的五四爱国运动。中国是第一次世界大战的战胜国，但列强在巴黎和会上不顾中国的要求，竟然决定将德国在山东的侵略权益转让给日本，而不让中国

朝鲜三一起义

收回。这激起了中国人民的极大愤怒。5月4日，北京十几所学校的学生在天安门前集会，随后举行游行示威。6月5日上海工人声援学生举行罢工，工人罢工推动了商人罢市、学生罢课。这场运动扩展到了20多个省、100多个城市。北洋政府不得不释放被捕学生，罢免亲日派官僚，中国代表没有出席巴黎和约的签字仪式，五四运动的直接斗争目标得以实现。五四运动是一场伟大爱国运动、伟大社会革命运动、伟大思想启蒙运动和新文化运动，标志着中国新民主主义革命的开端。

在印度，国大党发动了声势浩大的反对英国殖民统治的斗争。国大党于1919年举行总罢工，各地爆发了声势浩大的游行示威和罢工活动，遭到英国殖民当局残酷镇压。在甘地领导下，印度国大党

五四运动

发动了声势浩大的非暴力不合作运动。印度人民从未停止反抗殖民统治争取独立的斗争。1947 年 8 月，印度获得独立，分成两个国家：印度和巴基斯坦；巴基斯坦后来又分为巴基斯坦和孟加拉国。

阿富汗、埃及、叙利亚、黎巴嫩、伊拉克、摩洛哥、印度尼西亚等也都爆发了反对殖民统治、争取民族独立的武装斗争，有的取得了成功，有的被镇压下去。

两次世界大战之间，民族解放运动有蓬勃发展和取得进展的一面，也有受挫折的一面。埃及和伊拉克等国在反抗殖民主义斗争中取得了成就，但仍被殖民国家强加了不平等条约。这表明民族解放运动还有很长的路要走。

5. 前所未有的经济危机

经济危机是资本主义制度的必然产物。自从 1825 年英国爆发第一次经济危机后，资本主义国家不断发生周期性经济危机。最大的一次危机发生在 1929 年，一直延续到 1933 年，席卷资本主义国家。

这次危机首先在美国爆发。1929 年 10 月 24 日，美国纽约股票市场出现抛售股票的浪潮，这一天被称为“黑色星期四”，越抛越跌，越跌越抛，而且是持续三年的下跌。1929—1932 年，纽约股票交易所 55 家公司的股票价格由 252 美元下降到 61 美元，通用汽车公司的股票由 173 美元降到 8 美元。大小股民财富缩水，甚至化为乌有，哀鸿遍野。危机很快波及金融业，危机期间有 5000 多家银行倒闭，广大人民失去存款，失去保险金，无力偿还债务而失去抵押的土地

群众抗议游行

失业工人寻找工作

和住宅，变得一无所有，流浪街头。实体经济也不能幸免，工业生产总值和国民收入暴跌，到1933年商品贸易下降了三分之二以上，大批人员失业，生计陷入困境。危机没有停留在美国，而是像瘟疫一样迅速传遍整个资本主义世界。

危机重创了世界经济。资本主义世界工业生产缩减了36%，世界贸易额减少近三分之二。美国失业人口估计为1400多万，约占全部劳动力的四分之一；英国失业人口近300万，占劳动力的五分之一至四分之一；德国的失业人口达到600万。全球失业工人达3000多万，几百万小农破产，上万家银行倒闭。

各国纷纷出台措施以求自保。一方面多国相继筑起关税壁垒，保护自己的工业。1931年，美国对890种商品提高税额。这一行动立即引起连锁反应，多国采取报复性措施，筑起关税壁垒。另一方面加速货币贬值，刺激出口。1931年9月，英国放弃了金本位制度，英镑贬值了三分之一。随后20多个国家放弃了金本位。1933年3月，美国也放弃了金本位，禁止黄金出口；1934年，美元贬值40%。再就是分割世界市场，世界上逐渐形成了英镑区、美元区、法郎区等货币集团，世界经济体系被分割为不同集团。

面对世界经济大危机，美国采取的应对危机措施十分典型，称为“罗斯福新政”。

1929年经济危机爆发后，美国总统胡佛仍然坚信美国的经济制度是健全的，恪守自由放任的老办法，反对联邦政府大规模干预经济和实施救济政策，结果经济危机加深，失业人数和贫困人口剧增。1933年，富兰克林·罗斯福任美国总统，放弃了胡佛的自由放任主

罗斯福

义政策，加强政府对经济活动的干预，采取了一系列举措。例如，整顿银行与金融业，消除金融欺诈；复兴工业，大搞基础设施建设，如修建田纳西水电站；调整农业，开展社会保障，为失业者提供就业机会。“罗斯福新政”取得了明显成效，运用政权的力量，加大经济干预力度，调整了体制中一些不适应现代资本主义经济运转的环节，缓解劳资矛盾，一定程度上调整了生产关系，帮助美国走出了经济危机，促进了经济发展，有利于社会稳定。

6. 苏维埃创造奇迹

十月革命胜利后，苏俄政府立即宣布退出世界大战，并于1918年3月与德国签订停战和约。依约，苏俄丧失了100万平方千米领土，付出巨额赔款，但和约为巩固十月革命成果赢得了时间。德国战败后，苏俄即宣布废除和约。

从1918年夏至1920年底的国内战争时期，苏维埃政权为了击退国内外反革命武装进攻，实行“战时共产主义”政策，按照军事共产主义原则对产品生产和分配进行调整，如实行余粮征收制、配给制、工业全部国有化、普遍义务劳动制度。内战结束后，苏俄放弃了“战时共产主义”，实行“新经济政策”。“新经济政策”包括以粮食税代替余粮征收制，恢复私人自由贸易和发展商业，支持私人小企业发展，实行租让制、租赁制、合作制、代购代销制，废除平均主义的实物供给制等。新经济政策的实施促进了苏联工农业发展。

列宁和斯大林

20年代末，苏联开始实施第一个五年计划，接着是实施第二个五年计划。两个五年计划都提前了半年多完成。第三个五年计划只实施了三年多，就被法西斯德国入侵打断。五年计划的实施是苏联快速实现现代化的过程。同时，苏联还顺利实行了农业集体化，成功地把分散落后的个体小农经济改造成了社会主义大集体经济。

五年计划的顺利实施使苏联面貌发生了巨大变化，取得了举世瞩目的成就。

第一，极大地发展了社会生产力，实现了以重工业为中心的工业化，综合国力空前提高。1929—1935 年间，西方资本主义大国经历了严重经济危机，而在此期间苏联工业却增长了 250%。社会主义制度的优越性充分体现出来了。1937 年，苏联工业生产水平上升为欧洲第一位、世界第二位，在世界工业总产值中的比重由 1913 年（沙俄时期）的 2.6%上升为 1937 年的 10%。

库兹涅茨克钢铁联合企业

第聂伯河水电站

苏联工业建设成就

第二，人民物质生活和文化水平有了明显提高。“一五”计划结束时，全国已基本上消灭了失业现象。1940 年全国职工实际工资比 1913 年增加了 5 倍。随着物质生活的改善，人民群众文化水平也有很大提高。第二个五年计划结束时，苏联在培养大学专业人才方面从一个欧洲落后国家跃居为世界第一；1937—1938 学年，苏联大学生人数超过英、德、法、意、日五国大学生人数的总和。这一点也很好地体现了社会主义制度的优越性，可以说也是苏联走向强大的决定性因素之一。

第三，科学技术取得了巨大进步。1932 年苏联全国科学工作者有近 5 万人；建立起大型的国家实验设计研究中心，极大地推动了飞机制造和航空工业的发展；在分子物理学、晶体物理学、核物理学、化学肥料、合成橡胶等科学研究领域，取得了显著成就。苏联新的科研机构的建立，科研队伍的大幅扩大，科研成就的取得，增强了苏联的国力，也为战后苏联在航天等领域实现腾飞打下了基础。

斯大林领导苏联社会主义建设实践，创造了人类社会发展的奇迹，有力地展示了社会主义制度的优越性，提高了苏联国力和社会主义威望，也为在第二次世界大战中击败希特勒德国打下了坚实的经济、政治和军事基础。这些都是人类社会发展进程中崭新的社会主义成就。当然，苏联在社会主义建设取得伟大成就的同时，也出现了一些问题，如发生了“大清洗”事件，不少无辜者受到迫害；苏共党内出现了个人崇拜现象；在经济结构和政策上，也出现了需要调整、改革的问题。

1953 年，斯大林逝世。斯大林在世时，完成了历史赋予的伟大使命，成功地建成了并成功地捍卫了人类历史上第一个社会主义国家——苏联。正如每一位伟大人物或每一代人在完成其历史任务时，会留下一些需要解决的问题或尚未完成的任务一样，斯大林和他那一代苏联人也留下了一些需要解决的问题。这些问题通过不断加强党的建设，不断完善社会主义制度，创造性地坚持社会主义建设实践，是可以解决的。苏联后来出现问题、曲折甚至最终解体，不能归因于斯大林。

7. 开天辟地慨而慷

鸦片战争后，中华民族的志士仁人不断寻求救国救民的真理，以改变中国半殖民地半封建社会的落后挨打状态。近代中国革命和改良的历史告诉人们，一切封建主义和资本主义的思想武器都不能真正解决中国面临的问题。

十月革命一声炮响，给中国送来了马克思列宁主义。马克思主义在中国的传播是一场伟大的思想解放运动，是中国历史上前所未有的启蒙运动，使中国先进分子深刻认识到只有改造社会的经济基础才能改造社会，深刻认识到历史是由人民群众创造的，深刻认识到必须通过阶级斗争才能推翻旧社会、建立新国家，深刻认识到社会主义是世界发展的前途，并形成了只有社会主义才能救中国的思想认识。十月革命的胜利推进了国际共产主义运动的发展，中国先进分子开始建立共产主义性质的组织。

嘉兴南湖红船

在共产国际的推动下，1921 年 7 月 23 日至 8 月初，中国共产党第一次全国代表大会在上海和浙江嘉兴南湖召开，大会通过了党的第一个纲领和第一个决议，宣告中国共产党成立。毛泽东、董必武、李达等 13 位代表出席了大会，共产国际的代表马林和尼克尔斯基列席了会议，大会选举陈独秀为书记。中国共产党的第一个党纲规定：以无产阶级革命军队推翻资产阶级，由劳动阶级重建国家，直到消灭阶级差别。中国产生了共产党，这是开天辟地的大事变，中国革命的面貌从此焕然一新。

在共产国际的推动下，中国共产党与中国国民党实现了合作。

1924 年 1 月，孙中山领导改组后的国民党在广州召开一大，实施联俄、联共、扶助农工的政策，标志着国共合作正式形成。在苏联的支持和中国共产党的帮助下，孙中山创办了黄埔军校，为国共两党培养了大批军事人才。1925 年 3 月，孙中山逝世。1926 年 7 月，国共合作开始北伐，在半年时间内就消灭了北洋军阀吴佩孚和孙传芳的势力，占领了长江流域大部分省。正当北伐战争顺利开展之际，1927 年 4 月和 7 月，以蒋介石为首的国民党右派和以汪精卫为首的国民党“左派”，先后背叛了孙中山制定的国共合作政策和反帝反封建纲领，对共产党人和革命群众进行大逮捕、大屠杀，大革命失败。

中国共产党在血雨腥风中寻找革命道路。大革命的失败使党认识到，必须建立自己独立领导的军队，认识到枪杆子里面出政权。1927 年 8 月 1 日，在周恩来等同志的领导下，举行了南昌起义，打响了中国共产党武装反抗国民党反动派的第一枪。1927 年 9 月，毛泽东等人领导发动了湘赣边界秋收起义。武装斗争的初步实践表明，中国革命不能走进攻大城市的道路。

1927 年 10 月，毛泽东带领部队进入井冈山，建立农村革命根据地，开始走上了符合中国革命实际的农村包围城市、武装夺取政权的革命道路。这一革命道路的探索逐渐在党内达成共识，是中国共产党对马克思列宁主义的发展。1928 年 4 月，参加南昌起义的一部分部队在朱德、陈毅的带领下，几经转战，上了井冈山，与毛泽东领导的部队会师，成立了工农革命军第四军，后改称工农红军第四军。

秋收起义

中国共产党在全国其他地区也领导了一系列武装起义，更多的革命根据地逐步建立起来，如湘鄂西、鄂豫皖、海陆丰根据地。到1930年夏，全国建立起十多块根据地，红军发展到约10万人。在根据地，党开展了土地革命，主要是没收公地和地主的土地，分配给无地农民，实现“耕者有其田”。

赣南、闽西根据地在取得第三次反“围剿”胜利后，中国共产党决定在中央根据地建立全国性政权。1931年11月，中华苏维埃第一次全国代表大会选举产生了中华苏维埃共和国临时中央政府。大会通过了《中华苏维埃共和国宪法大纲》《中华苏维埃共和国土地法令》《中华苏维埃共和国劳动法》《中华苏维埃共和国关于经济政策的决定》等文件。1931 年 11 月 27 日，中央执行委员会第一次会议选举毛泽东为中央执行委员会主席，项英、张国焘为副主席；会议还选举毛泽东任人民委员会主席，项英、张国焘任副主席。临时中央政府设在江西瑞金。

1933 年 3 月，中央根据地取得了反对国民党蒋介石第四次“围剿”的胜利。

在反“围剿”同时，中国共产党加强了根据地建设，形成了当时中国先进的新民主主义经济雏形。根据地的文化教育事业也得到了大力发展，创办了马克思共产主义学校以及其他各类学校，培养

江西瑞金中华苏维埃政府旧址

党、政、工会等各类干部和技术人才；还创办了许多报纸杂志，成立了新闻通讯社、文艺团体等。根据地采取各种措施，加强党的自身建设，培养出了大批能够艰苦奋斗、廉洁自律、带领群众克服困难、赢得群众拥戴的干部。

中国的革命根据地是在敌人不断“围剿”的艰苦环境下诞生和发展的，呈现出了欣欣向荣、成就伟大事业的气派！革命根据地的实践展现出中国共产党领导人民改造社会的强大力量，展现出新生的社会主义在中国的光明前景。但是，这个时期中国共产党在革命实践中也犯了错误，特别是临时中央在中央根据地实行了“左”倾教条主义，给中国革命带来了重大挫折。

遵义会议旧址

红军长征过草地

1933 年下半年，国民党蒋介石调集百万大军向中央根据地发动进攻。在第五次反“围剿”当中，毛泽东正确的作战方针没有能够落实，而实行了“左”倾军事冒险主义，第五次反“围剿”严重受挫，中央红军被迫进行战略大转移。红军长征到遵义后，召开了中国革命进程中具有生死攸关转折点意义的会议。这次会议克服了“左”倾教条主义在中央的统治，确立了毛泽东在中央和红军中的领导地位。在党中央的英明指挥下，中央红军历经艰难，1935 年 10 月胜利到达陕北；1936 年 10 月，三大主力红军会师。长征的胜利宣告了国民党反动派围追堵截的失败，保住了中国革命取得胜利的种子。红军到达陕北后，着手奔赴抗日前线，积极开展建立抗日民族统一战线的宣传工作，提高了中国共产党在全国人民心目中的地位，有力地分化了国民党各派力量，使蒋介石的“攘外必先安内”

反动政策破产。中国共产党利用西安事变之机，逼蒋抗日，促成了抗日民族统一战线的形成，为中国人民取得抗日战争胜利和世界反法西斯战争胜利创造了条件。

8. 法西斯主义兴起

法西斯主义是资本主义发展到20世纪上半期特殊历史条件下的产物，由垄断资产阶级支持，代表垄断资产阶级利益。法西斯主义政治上极为反动，对内专制独裁，对外侵略扩张。

意大利是法西斯主义者最先上台的国家。“法西斯”一词产生于古代罗马，原指中间插着一把斧头的束棒，是罗马执法官吏的一种权力标志，象征着有权把违背其意志者处以鞭笞或死刑。墨索里尼用它命名自己的党派，以此图案作为党徽，希望恢复古罗马的辉煌。意大利在第一次世界大战中遭受重大损失，在巴黎和会上分赃不足，国内民族主义情绪上升。面对战后经济困难，意大利垄断资产阶级选择了与法西斯分子相结合的道路。1919年，墨索里尼组织了法西斯战斗团，在企业界的支持下，战斗团的实力迅速增强。1921年，法西斯党正式成立，党员人数飙升。1922年，意大利政府发生危机，邀请法西斯党参加政府。墨索里尼不满足与自由党联合组阁，发动了向政府夺权的进军罗马行动。国王任命墨索里尼为首相，法西斯党上台执政。墨索里尼当政后，于1926年宣布取消法西斯党以外的一切政党。意大利共产党坚决反对法西斯统治，因此受到残酷迫害。

1935年，墨索里尼派遣大军对埃塞俄比亚不宣而战。墨索里尼与希特勒合谋，干涉西班牙内战，支持西班牙法西斯分子上台。

德国法西斯主义头子是希特勒，德国的法西斯政党简称纳粹。早在1920年，希特勒等人就大肆鼓吹民族主义，提出废除《凡尔赛和约》，建立大德意志帝国；也提出了一些争取群众的口号。1921年，希特勒组建冲锋队，其成员不断增多。1923年，在慕尼黑发动“啤酒馆暴动”。在被关押期间，希特勒写了《我的奋斗》一书，鼓吹“生存空间”论、种族优越性、独裁政权和用武力摆脱《凡尔赛和约》束缚。1925年党卫军成立，成为纳粹党的特务组织和军事组织。在1929年世界经济危机冲击下，纳粹党人数迅速增多，在国会选举中接连获胜；1933年1月，希特勒受命组阁。希特勒上台后，立即下令禁止德国共产党的示威游行，查抄德共在柏林的办事处。1933年2月，纳粹分子制造了耸人听闻的“国会纵火案”，诬陷共产党，逮捕了4000多名共产党人。1933年3月，德国举行议会选举，尽管受到“国会纵火案”的打击，德共仍然获得了81个议席。希特勒无视宪法规定，宣布共产党的议席无效，以便控制议会并捞取内阁部长的位置，加强法西斯专制。1934年8月，希特勒操纵国会通过《元首法》，把总统和总理权力合二为一，确立了权力一体化的“元首原则”；接着希特勒策划了一次“公民投票”，使自己成为国民意志的体现，极权制度确立，第三帝国形成。希特勒统治下的德国迅速走上了扩军备战道路。希特勒在第二次世界大战期间对犹太人实行大屠杀。

第一次世界大战后，日本也走上了法西斯道路。1929年爆发的

nes trois cents mille

Vittime trecento mila

世界经济危机席卷日本，导致日本经济衰退。为了刺激生产，日本政府采取了多种措施，包括实行“军需通货膨胀”政策，通货膨胀与政府扩大军事开支和军事订货相结合，推动国民经济向军事化方向发展。这一政策促使财阀大力发展与军事有关的新工业新产品，这样军阀和财阀就紧密结合起来了，出现“军财抱合”现象，使日本进一步军国主义化。第一次世界大战后不久，日本就出现了法西斯组织。世界经济危机爆发后，法西斯团体如“爱国社”“神武会”“国家社会党”等纷纷涌现。日本法西斯分子适应民众心理，提出了“打倒财阀和政党”“保障工人与妇女权利”等口号，鼓吹扩大对华侵略的所谓“解决满蒙问题”，使法西斯势力在民间和军部得到膨胀。法西斯分子还策划了军事政变。1936 年，军队中占领导地位的“统制派”在财阀的支持下，组成了以法西斯分子广田宏毅为首的新内阁。广田宏毅听命于军部，加速了日本政权的法西斯化，内阁遂沦为军部的傀儡。

法西斯分子在日本上台后，联合德国反共反苏。1937 年，意大利也加入，德、意、日在反共产国际的旗号下形成了“柏林—罗马—东京轴心”，成为新的世界大战策源地。三国还签订了同盟条约。

面对法西斯主义势力的兴起，英、法、美等国采取了绥靖主义态度和损人利己的策略。在外交方面，英国操纵 1925 年在瑞士召开的英、法、德、意、比、捷、波七国代表会议，订立了公约，使德国与各国完全处于同等地位，德国与英、法、意、日一样同为国际联盟常任理事国。英国和法国企图通过公约固定第一次世界大战后德国西部边界，而把德国的侵略矛头引向东方。1927 年，英国刻意废除了与苏联的商约，并宣布与苏联断绝外交关系。这种孤立苏联的行为刺激了法西斯主义兴起。1931 年，日本发动“九一八事变”，入侵中国，中国开始抗战，英国却在国际联盟对日本表现出友善和纵容态度。1935 年，意大利入侵埃塞俄比亚，英国也采取了纵容态度。1936 年，西班牙爆发内战，英国宣布保持中立，执行“不干涉主义”，实际上纵容和支持了西班牙法西斯势力，致使法西斯分子获胜，建立起独裁政权。英国对法西斯德国不遵守《凡尔赛和约》的一系列行动采取了姑息纵容态度。

20 世纪 30 年代中叶，欧洲共产党人十分担忧法西斯主义得势，一些国家的共产党就同社会党、自由党以及温和派政党结成反法西斯左翼同盟——“人民阵线”。法国在 1936 年选出了人民阵线政府。西班牙也选出了人民阵线政府，因内战发生，人民阵线最终失败。法国人民阵线的力量比较强大，防止了国内法西斯势力的膨胀和上台。但是，在国际舞台上，法国却未能积极遏止法西斯主义。在西班牙内战中，法国追随英国奉行了所谓的“不干涉主义”，实际上是在推行绥靖主义。

《凡尔赛和约》很大程度上满足了法国打压德国的愿望，然而极不平等的和约也埋下了新的仇恨种子。战后，法国人十分担忧德国东山再起，而又没能采取果断、坚决的措施阻止德国法西斯坐大。在 30 年代，法国对希特勒采取了妥协态度。

希特勒上台后加快扩张步伐，英法等国一再退让。1938 年，希特勒借口保护捷克斯洛伐克境内苏台德地区的德裔人口，企图入侵捷克斯洛伐克。1938 年 9 月 30 日，英国首相张伯伦、法国总理达

签订慕尼黑协定

拉第与希特勒、墨索里尼签订了慕尼黑协定。捷克斯洛伐克政府被迫接受该协定，德国随即兼并了苏台德地区。但是，希特勒并没有就此停止侵略步伐，1939 年 3 月出兵布拉格，吞并了整个捷克斯洛伐克，为发动更大规模的侵略战争打下了基础。英法帝国主义者通过牺牲捷克斯洛伐克利益，换取与希特勒的妥协，企图将德国法西斯“祸水东引”，使其侵略矛头指向苏联，让德苏两败俱伤，从而达到维护自身利益的目的。英法这种纵容法西斯侵略、牺牲他国利益、引开祸水的做法被时人称为“慕尼黑阴谋”，是绥靖政策的高潮。

1937 年“七七事变”发生，日本发动了全面侵华战争。西方大国对日本的侵略行径同样表现出了绥靖主义倾向。“七七事变”后，英国采取了观望姑息态度，并与日本交涉，维护其在华利益。1939

年 7 月，英国政府在与日本交涉中声明：完全承认中国的现状和在华日军的特殊需求。1939 年 7 月 17 日，英国政府同意关闭滇缅公路 3 个月，切断了香港和海外援助抗战物资的运输通道。1939 年 7 月 24 日，英国与日本签订协定，承认日本在中国进行大规模侵略战争，日军有权“铲除任何妨碍日军或有利于敌人之行为与因素”。中国人民浴血抗战，英国却在出卖中国利益。

七七事变发生后的第 6 天，美国国务卿赫尔与日本驻美大使谈话时就确认：在中日冲突中，美国对日本采取“友好的、公正无私的”态度。实际上，美国大发战争财，积极向日本出售战略物资。数据显示，日本侵华战争的一些军事物资大部分是由美国提供的。

牺牲中国利益与日本妥协，是“东方慕尼黑阴谋”的组成部分。

欧洲的“慕尼黑阴谋”促使了第二次世界大战在欧洲爆发。英、美、法等国的“东方慕尼黑阴谋”结果也是搬起石头砸了自己的脚。

9. 第二次世界大战

第二次世界大战是德、意、日三个法西斯国家发动的，这次大战可以分为东方战场和西方战场。1931 年，日本就发动了九一八事变，侵占中国东北，中国人民开始了艰苦卓绝的反抗日本帝国主义侵略的战争。1937 年，日本发动七七事变，全面侵华战争爆发。中国抗战是世界反法西斯战争的重要组成部分，中国战场是世界反法西斯战争的东方主战场。

1937 年，日本发动全面侵华战争，中国军民顽强抵抗，挫败了日本法西斯主义者三个月灭亡中国的狂想。日本侵略者在中国犯下的罪行罄竹难书。1937 年 12 月，日军攻占南京，实行了惨无人道的大屠杀，犯下了滔天罪行，30 万以上中国人民惨遭杀害。南京大屠杀惨案铁证如山、不容篡改，但是时至今日，日本右翼势力居然公开否认。2014 年，中国将 12 月 13 日设立为南京大屠杀死难者国家公祭日，表明了中国人民反对侵略战争、捍卫人类尊严、维护世界和平的坚定立场。

侵华日军南京大屠杀遇难同胞纪念馆

中国共产党实行人民战争路线。当国民党主导的正面战场接连失利时，中国共产党领导人民抗日力量挺进敌后，开辟敌后战场，建立起广泛的敌后根据地，沉重地打击了日寇和汉奸势力，陷日寇于人民战争的汪洋大海之中，极大地鼓舞了全国人民取得抗战胜利的信心，让中国人民坚信“正义必胜！和平必胜！人民必胜！”中国共产党是中国抗日战争的中流砥柱。

1939 年 9 月 1 日，希特勒按照准备已久的侵略波兰的“白色方案”，向波兰发动突然袭击。第二次世界大战在欧洲爆发。英法作为波兰的盟友向德国宣战，但却宣而不战，坐视波兰的灭亡。1940 年 5 月 10 日，希特勒打破“西线无战事”的局面，发动“闪电战”，开始全面进攻，盟军丢盔弃甲，接连失败。荷兰、比利时、卢森堡相继投降，德军长驱直入；法国修筑的马奇诺防线形同虚设，英、法、比联军约 40 万被围困在敦刻尔克海岸地区。英国政府展开渡海营救，包括 20 多万英军在内的 30 多万人撤到英国，这就是有名的“敦刻尔克大撤退”。6 月 10 日意大利对法宣战，6 月 14 日德军占领巴黎，6 月 22 日法国签订投降协定。英国终于尝到了绥靖政策的苦果，是战斗还是投降，

德军轰炸后的伦敦

摆在英国面前。口才不错的丘吉尔紧急地宣告“我们将在海滩上作战，我们将在登陆地作战，我们将在田野和街道中作战，我们将在山区作战，我们绝不投降”。英国坚持战斗，终于挫败了希特勒发动的对英国的空战。

1940 年 7—9 月，貌似强大的意大利军队从东非的埃塞俄比亚和北非的利比亚，向英属索马里、肯尼亚、埃及和苏丹进攻。英国组织兵力展开对缺乏战斗力的意军的反击，1941 年 5 月中旬，东非意军战败，向英军投降，北非意军也接连失败。希特勒为了维持轴心国影响并保持北非这块战略要地，1941 年 2 月，派遣后来被称为“沙漠之狐”的隆美尔，率军到达利比亚，与英军在北非展开了拉锯战。

1941 年 6 月 22 日，德国与同伙，出动 190 个师、550 万兵力，配备近 5000 架飞机、4000 多辆坦克，在 1800 千米战线上分三路对苏联发动突然袭击。9 月 30 日，中路德军向莫斯科发起进攻，苏联军民奋起抗击。德军前锋部队向前开进，莫斯科已经遥遥在望。苏联面临严峻的形势，苏联军民没有被困难吓倒，反而前仆后继越战越勇，展开了誓死保卫首都的战斗。

1941 年 11 月 7 日，十月革命纪念日这一天，红场举行了声势浩大的阅兵式。数十万红军将士雄赳赳、气昂昂地走过主席台，接受斯大林等苏联党政领导人的检阅。斯大林发表著名演说：“红军和红海军的战士、指挥员和政工人员、男女游击队员，全世界都注视着你们，把你们看作是能够消灭德国侵略者的主要力量。处在法西斯奴役下的欧洲各国人民都注视着你们，把你们看作是他们的解放者。伟大的使命已经落在你们的肩上。你们不要辜负这个使命！你们进行的战争是正义的解放战争。”受阅部队在市民目光的注视下直接奔赴前线。经过浴血奋战，苏军顶住了德军的进攻。12月6日苏军大举反攻，到1942年4月取得了莫斯科保卫战的胜利。

1941年12月7日，日本舰队偷袭美国夏威夷的珍珠港，美国才结束闷声发战争财的孤立主义政策。12月8日，美英对日宣战，太平洋战争爆发。日军大举向东南亚进攻，英美军队节节败退。到1942年5月，日军占领了泰国、马来亚、菲律宾、缅甸、印度尼西亚以及太平洋的许多岛屿。

1942年元旦，26个国家在华盛顿举行会议，签署了《联合国家共同宣言》，保证用自己全部的军事和经济资源，反对德、意、日轴心国及其附庸，保证相互合作，不单独同敌人缔结停战协定。《宣言》的发表标志着国际反法西斯统一战线的最终形成。

苏德战场是欧洲反法西斯战争的主战场，斯大林格勒会战则是欧洲主战场的转折性战役，也是第二次世界大战具有决定性意义的战役。1942年7月，希特勒利用英美拖延在欧洲西部开辟第二战场的机会，集中150万兵力，在苏德战场发动夏季攻势，企图占领斯大林格勒，切断伏尔加河交通，夺取高加索石油，然后向北包抄莫斯科。7月17日，德军逼近斯大林格勒。斯大林发出了“寸步不退”的号召。9月13日，双方展开巷战。“寸步不退”的口号成了苏军战士的座右铭。苏军进行了无比英勇顽强的战斗，许多重要据点几度易手；第一火车站的争夺战持续了一周之久，13次易手。为争夺每一个街区、每一条街道、每一幢房屋都要展开残酷的战斗；而在每一幢楼中，每一层楼、每一个房间都要进行反复的争夺战，后来还要争夺废墟。苏联红军的许多小分队被包围后，拼死抵抗，宁死不屈。他们拍给司令部的最后电报是：“我们被包围了，弹药和水都没有，宁死不投降！”“为祖国捐躯，但绝不投降！”近卫军中士雅科夫·巴甫诺夫领导一个战斗小组死守一座6层大楼达两个月之久。战后大楼被重建时，命名为“巴甫诺夫大楼”。共青团员潘尼卡科用完了所有的手榴弹，只剩下两瓶液体混合燃料。他从战壕探出头来，抡起燃烧瓶，正要烧毁最近的一辆德军坦克时，一颗子弹打穿了高举在他头上的燃烧瓶，烈火烧遍了战士的全身。但他没有去扑灭身上的火焰，而是一跃跳出战壕，跑到法西斯坦克跟前，对准发动机口的外壳打破了第二个燃烧瓶。火舌和浓烟吞没了这位英雄和法西斯的坦克。

斯大林格勒战役一角

共产党领导下的苏联人民就是用这种大无畏的牺牲精神与无比疯狂的法西斯侵略军展开殊死搏斗的。苏联人民与法西斯侵略军的战斗是文明抵抗野蛮的斗争，是正义抵抗邪恶的斗争。苏联人民为捍卫祖国而战，为捍卫人类社会新生的社会主义文明而战，他们为人类文明的进步和世界和平做出了可歌可泣的巨大牺牲！

斯大林格勒会战后期，苏联强大的战争动员能力和军工生产能力得到了充分发挥。苏军在武器装备上超过了德军，将进攻斯大林格勒的德军包围。1943 年 2 月 2 日，苏联取得斯大林格勒会战的胜利。苏军仅在包围圈就消灭敌军约 30 万，其中俘虏 91000 人，击毙 147200 人，34000 名伤员在战争进行期间被运出阵地。

1942 年 11 月，英军取得阿拉曼战役的胜利，这是北非战场的转折点。1942 年 6 月，美军取得在太平洋中途岛战役的胜利，日本从此丧失了在太平洋的战略主动权。1943 年 7 月，英美军队在意大利南部登陆，9 月意大利投降。1944 年，苏军在本土和东欧国家乘胜围歼和追歼德军。1944 年 6 月 6 日盟军在诺曼底登陆，开辟了欧洲第二战场。1945 年初，苏军和英美等国军队分路攻入德国本土。1945 年 4 月 16 日，苏军发动柏林战役，4 月 30 日希特勒自杀身亡，5 月 2 日苏军攻克柏林。5 月 7 日、8 日，德国分别向西方盟军司令部和苏军司令部投降，欧洲战场的反法西斯战争胜利结束。

1945 年 7 月 26 日，苏、美、英发表《波茨坦公告》，敦促日本立即无条件投降，重申《开罗宣言》的条件必须实施。但日本不自量力摆出困兽犹斗的架势负隅顽抗。1945 年 8 月 6 日和 9 日，美国分别在广岛和长崎各投放一枚原子弹。1945 年 8 月 8 日苏联对日宣

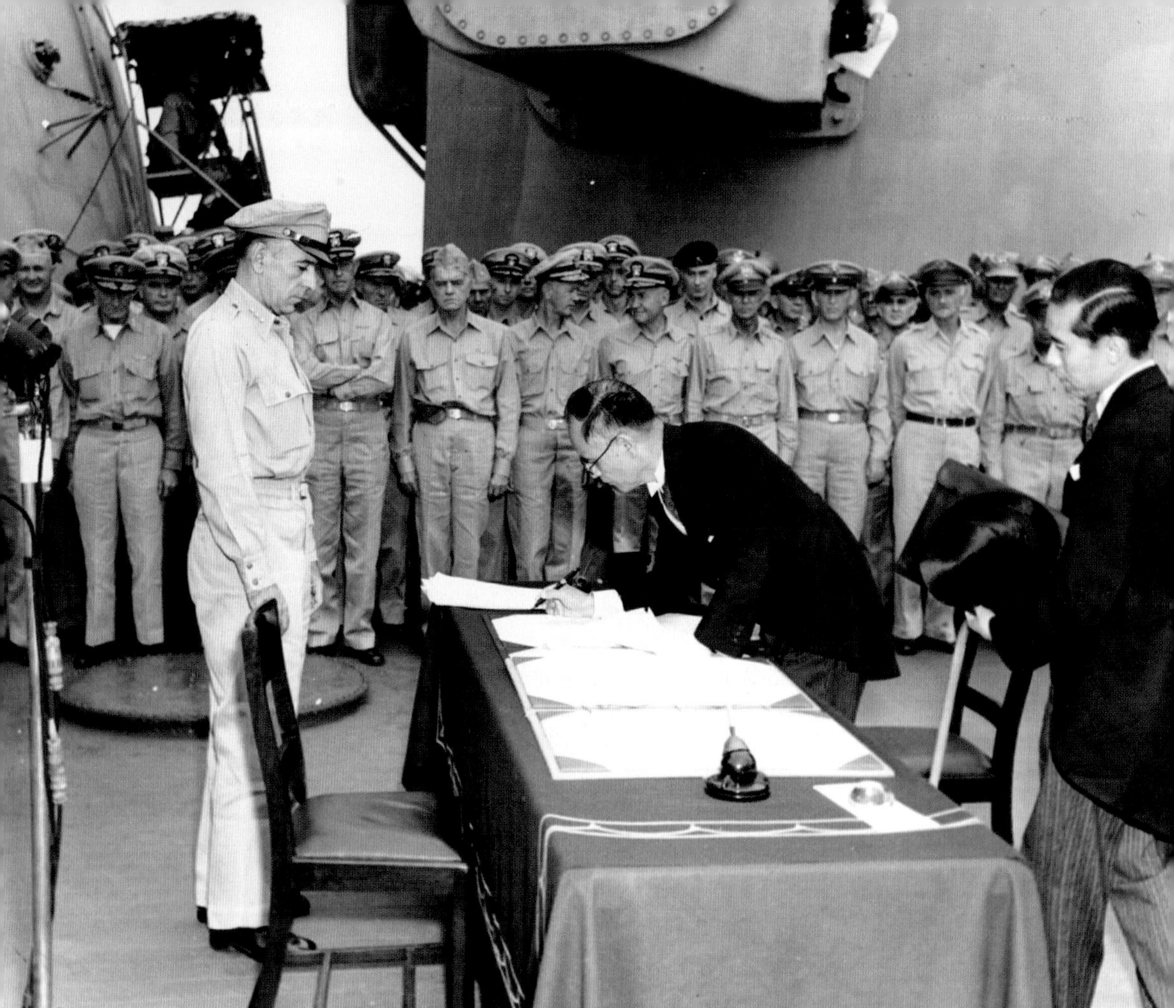
日本投降签字仪式

战，8 月 9 日出兵中国东北，同中国军民一道作战，迅速击败日本关东军。同日，毛泽东发表《对日寇的最后一战》声明。随后，朱德总司令发七道命令，抗日战争进入全面反攻阶段。1945 年 8 月 15 日，日本宣布无条件投降。9 月 2 日，日本投降签字仪式在东京湾的美国军舰“密苏里”号上举行，中国抗日战争和世界反法西斯战争胜利结束。

全世界共产党人反对法西斯最坚决。苏德战场是欧洲反法西斯战争的主战场，苏联是欧洲反法西斯侵略的中坚力量。希特勒在欧洲大陆发动侵略战争过程中，非共产党领导的国家在面临强大的德国法西斯侵略军时，或迅速溃败或妥协投降。例如，德国进攻波兰时，号称陆军欧洲第五位的波兰不到一个月亡国了。1940 年 5 月 10 日，德军全面进攻荷兰、比利时、卢森堡，三国迅速溃败投降。即使是拥有 300 万大军号称欧洲第一陆军强国的法国，在希特勒大举进攻下，短短六周，就投降了，成立傀儡政府。在侵略战争中取得巨大胜利的希特勒，纠集了德国及其仆从国 550 万大军对苏联发动“闪电战”。战争初期苏军败退，蒙受巨大损失。德军兵临莫斯科城下，但苏联人民在共产党的坚强领导下，没有妥协投降，而是坚决战斗；党的领袖斯大林坐镇莫斯科；参加红场阅兵的战士直接开赴前线与进攻莫斯科的德军决战。苏联广大军民同仇敌忾，奋勇杀敌；共产党员冲锋陷阵，在战争中发挥了中坚作用。苏联先后取得了莫斯科战役、斯大林格勒战役、库尔斯克战役等重大战役的胜利，扭转了战争局面，一步步把法西斯侵略军赶出国土，并接连解放了东欧诸国，攻克柏林。

中国是世界反法西斯战争的东方主战场。日本发动侵华战争，中国一国长期坚持抗战，与疯狂的日寇进行殊死搏斗。当国民党主导的正面战场节节败退时，中国共产党领导的八路军、新四军却坚定地挺进敌后，建立广泛的敌后根据地，开辟敌后战场，沉重地打击了日本侵略者，牵制了日军在正面战场的进攻，坚定了全国人民的抗战信心。中国抗日战争能够取得胜利，也正是因为有共产党领导的全民的全面抗战，陷日寇于人民战争的汪洋大海之中。共产党是无产阶级政党，代表着广大人民群众的根本利益，与人民群众血肉相连，因此能够成功地领导广大人民群众进行反侵略的人民战争。

全世界共产党人为取得反法西斯战争的胜利，付出了巨大牺牲，功勋不可磨灭。

第二次世界大战是人类历史上空前规模、空前惨烈的战争，60多个国家和地区、20余亿人口卷入战争，造成了巨大人员伤亡和物资损失，给世界人民带来了深重灾难。

反法西斯战争的胜利沉重地打击了帝国主义，德、意、日三个帝国主义国家被打垮；英法等老牌帝国主义国家受到严重削弱；苏联更加强大；国际共产主义运动和亚非拉民族解放运动蓬勃兴起。

10. 科技文化新变化

进入20世纪，人类社会在科学技术领域不断取得进步，在物理学、生物学、地质学等方面的进展尤其引人注目。

20世纪上半叶，宇宙学取得新进展。美国天文学家哈勃用望远镜观测仙女座星云，发现它是由许多恒星组成的，并测定仙女座位于90万光年之外，远远超过了已知银河系范围。他提出了哈勃定律：河外星云的逃离速度与它们离我们的距离成正比。

20世纪的前30年是原子物理学的黄金时代，在自身发展的同时，促进了量子力学的建立。爱因斯坦提出了狭义相对论和广义相对论。相对论的提出和量子力学的建立，给物理学带来了革命性的变化，奠定了现代物理学的基础。随着原子物理学的发展，意大利裔美国科学家费米建成世界上第一座原子核裂变链式反应堆。这是

爱因斯坦

原子能时代的一个重要里程碑。后来的原子弹、核电站等核能的开发和利用，都是建立在重核裂变的基础之上的。

从 20 世纪 30 年代起，粒子物理学逐步形成为物理学的一个分支学科。粒子物理学是研究基本粒子规律的科学。基本粒子是组成物质的最小基本单元，被科学家们发现的基本粒子越来越多，现已发现 300 多种。

20 世纪初，科学家们正式提出了“基因”这个概念。在生命科学领域，基因是一个非常重要的概念，是生物生老病死、生长发育、繁殖后代、遗传变异、新陈代谢的物质基础和功能核心。1944 年，美国科学家艾弗瑞发现遗传信息的载体是脱氧核糖核酸，即 DNA。从此，遗传与 DNA，基因与 DNA 就结下了不解之缘。基因原理的确立，基因概念的演进，促进了分子生物学的形成。分子生物学是解释生命本质的科学。

20世纪上半叶，地质学领域出现了一系列重大的新学说，不断提供了与人类生活密切相关的地球演绎的图景，对人类自然观的深化产生了重大影响。大陆漂移说、海底扩张说、板块构造说的诞生，奠定了现代地学的理论基础。

20世纪上半叶，运载火箭技术得到发展，为战后人造卫星和载人飞船的发射打下了基础。第二次世界大战时期，希特勒德国就利用火箭技术发射过导弹。

两次世界大战时期，世界科学技术的发展出现了一个前所未有的气象。这就是第一个社会主义国家苏联对科技事业的高度重视和大力发展。

十月革命胜利之初，为了迅速发展国家各项事业，苏维埃人民委员会成立了“国民经济最高委员会”，主管全国科研机构，并分管国防工业的科研工作。随后成立了许多研究所、实验室和检验机构，如中央化学实验室、物理技术研究所、镭研究所等。30年代初，苏联政府提出了“苏联是世界科技的中心”的口号，并为实现“在短期内迅速提高苏联的整体科技水平”的目标，采取了一系列有力举措。例如，加大军事科研和军工生产的管理力度，以军事科研带动整体科研的发展；改组科学院，使其成为苏联科学的“总指挥部”；加强科学院与军事科研的联系。的确，苏联的科学技术在短期内实现了快速发展，推动了整个世界科技水平的进步。

两次世界大战时期，世界文化也有了新的发展变化。苏联在文化建设上也取得很大成绩，尤其在30年代发展较快。例如，1937

МАРКС
ЭНГЕЛЬС
ЛЕНИН
СТАЛИН
ПОД ЗНАМЕНЕМ ЛЕНИНА, ПОД ВОДИТЕЛЬСТВОМ СТАЛИНА,
ВПЕРЕД К ПОБЕДЕ КОММУНИЗМА!

苏联宣传画

年城乡的群众文化设施俱乐部达到95600个，而1928年是34500个；1937年，全国有剧场702座，电影院和放映点有28574个，而1928年剧场是451座，电影院和放映点是7331个。这个时期也是苏联社会主义文学的奠基时期，著名作家高尔基是苏联文学的奠基人。1934年，高尔基主持第一次苏联作家代表大会，并当选为苏联作协主席。

英国、法国文化发展的一个显著进展是电影和广播事业的兴起。英国电影工业发展较快；英国广播公司（BBC）成立于1926年，人们在家中就可以不断地获得娱乐和新闻信息。法国电影业也有新的发展，现实主义影片的影响不断扩大。

像在西方其他资本主义国家一样，新形式的艺术——电影于19世纪末20世纪初在美国兴起。到1925年，电影在美国已普及，每周有1.3亿人次看电影，全国有2万家电影院。20世纪20年代是美国现代文学的高峰期，现实主义文学流派影响仍然很大，又形成了新的“迷惘的一代”文学。“迷惘的一代”文学作家们许多参加了第一次世界大战，亲历过战争残酷场面，战后又目睹欧洲列强无耻地争夺和瓜分殖民地，返回美国后看到的又是物欲横流和弥漫社会的享乐主义。他们对现实感到迷茫。海明威是“迷惘的一代”作家中最突出的代表，代表作之一是他的反战小说《永别了，武器》。20年代，美国还兴起了以哈莱姆为中心的“黑人文艺复兴”或称“新黑人运动”。纽约的哈莱姆是当时美国最大的黑人聚居区。阿兰·洛克是主要代表人物，1925年他出版了《新黑人》，产生很大影响。这个时期，美国还兴起了左翼文学运动，左翼作家们一个重要活动阵地是美国共产党领导下的《新群众》杂志。到了第二次世界大战时，反法西斯文学则成为美国文学的主流。

两次世界大战时期，南亚的印度仍然处于英国殖民统治之下。印度民族主义者著名文学家泰戈尔反对英国殖民统治。1919年英国殖民当局制造了“阿姆利则惨案”之后，泰戈尔非常气愤，写了一封义正辞严的信给印度总督，提出抗议，并声明放弃英国国王给他的“爵士”称号。1930年，泰戈尔访问了社会主义国家苏联，在其作品《俄罗斯书简》中歌颂苏联。泰戈尔反对法西斯侵略战争，反对殖民主义。1941年，在《文明的危机》中，泰戈尔控诉了英国殖民统治，相信印度必将获得独立解放，“我留下的遗言是：证明强权者耀武扬威、暴戾恣睢并非安全的日子已经来到”。

泰戈尔

十一

新的时代，新的使命

1945 年，第二次世界大战结束。从第二次世界大战结束到 *21* 世纪的今天，可称为战后时期。战后的世界发生了巨大变化，人类文明进入了一个新的发展阶段。世界各国人民交往日益密切，科学技术不断发展创新，经济全球化日益加深，人类社会取得巨大进步，展现出光明的发展前景，但也存在着严重问题，面临着严峻挑战，需要世界各国人民共同努力。面对当今世界百年未有之大变局，面对当今世界面临的种种问题和挑战，中国共产党担负起了历史的使命，给出了中国方案：构建人类命运共同体，共享繁荣。

➤1. 终于有了个新秩序

联合国徽章

1942年元旦，同盟国发表《联合国家共同宣言》，不仅提出要打败法西斯国家，还为建立联合国打下了基础。1943年10月，中、美、英、苏发表了尽速“根据一切爱好和平国家主权平等的原则”，成立大小国家均得加入的“普遍性国际组织”的《普遍安全宣言》，以维持国际和平与安全。1944年8月至10月，美、英、苏三国代表在华盛顿附近的敦巴顿橡树园举行会议，讨论战后国际组织的章程，签署了《关于建立普遍性的国际组织的建议案》，建议未来国际组织定名为“联合国”。1945年2月，雅尔塔会议解决了关于创始成员国和安理会表决程序两个问题，确定了“五大国一致同意”原则，中、美、苏、英、法五个常任理事国都拥有“否决权”。

1945年4月至6月，联合国家国际组织会议在美国旧金山举行，6月25日，全体会议一致通过了《联合国宪章》。6月26日，举行签字仪式，参加签字的51个国家是联合国的创始成员国。1945年10月24日，美、苏、英、法、中和其他多数签字国递交了批准书后，《联合国宪章》开始生效。这一天被定为“联合国日”。

联合国的主要组织机构有：（1）联合国大会，简称“联大”，是

雅尔塔会议

联合国的主要审议、监督和审查机构，由全体成员国组成；（2）安全理事会，简称安理会，由五个常任理事国和选举出来的若干非常任理事国组成，安全理事会的职责是维护国家之间的和平与安全；（3）经济及社会理事会，简称经社理事会，在推动国际经济和社会合作及发展方面对大会进行协助，经社理事会成员国由大会选出，任期三年；（4）托管理事会，是联合国实行国际托管制度的主要机构，适用于国际托管的领地，包括第二次世界大战结束时尚未独立的前国际联盟的委任统治地和战后割自敌国的土地；（5）国际法院，位于荷兰海牙，是联合国的主要司法机构，由 15 名法官组成，法官任期 9 年，由联合国大会和安理会选举产生，成员来自不同国家；（6）秘书处，从事联合国日常工作，由秘书长和联合国工作人员组成。秘书长是联合国的最高行政首长，是大会根据安理会的推荐而任命的，任期五年。

联合国成立后对维护战后世界和平与促进全球经济发展发挥了积极作用。当然，在某种程度上，特别是战后一个时期，它也是被霸权主义者利用的工具。例如，美国等国利用联合国，干涉地区事务和他国内政。1950 年当朝鲜半岛南北双方爆发内战时，美国操纵联合国对朝鲜进行指责，并通过决议组成所谓的“联合国军”，武力干涉朝鲜内战。

联合国成立后，随着成员国的增多，内部力量结构也逐渐发生变化。主要趋势是：由于广大殖民地获得独立，联合国成员国中发展中国家不断增多，发展中国家的影响力逐渐扩大。1971 年，在广大发展中国家大力支持下，中华人民共和国恢复了在联合国的合法席位，成为联合国五大常任理事国之一。这一年，第 26 届联合国大会以 76 票赞成、35 票反对、17 票弃权的压倒性多数通过决议，“承认中华人民共和国政府的代表是中国在联合国组织的唯一合法代表，中华人民共和国是安全理事会五个常任理事国之一”。中华人民共和国进入联合国是联合国发展历程中的一件大事，提高了中国的国际地位，增强了社会主义国家和发展中国家在联合国的影响力。中华人民共和国第一任常驻联合国大使是黄华。

1995 年联合国成立 50 周年时，共有成员国 185 个，其中发展中国家占绝大多数，广大发展中国家在联合国的影响力日渐增长，联合国在国际事务中的作用也因此逐渐发生变化。今天，联合国已有 190 多个成员国。

联合国的存在和发展，是有利于维护国际秩序、维护世界和平的。联合国是世界各国共同交流协商的平台，有利于缓和国家间的矛盾。多年来，联合国维和部队在维持地区性和平之中发挥了作用。中国也参加了联合国维和行动，做出了重要贡献。特别是联合国安全理事会否决权的设置，在一定程度上和在一定历史条件下，有利于协调大国关系，避免大国之间直接的武装冲突。联合国安全理事会的五个常任理事国（中国、美国、俄罗斯、英国、法国），各自拥有对联合国安全理事会决议草案的否决权。即使该决议获大部分成员国支持，常任理事国仍然可以使任何安理会的决议无效。但否决权并不妨碍程序上的运作，就算议案很可能被否决，安理会仍可对该议案进行讨论。常任理事国投反对票，就是行使了否决权；常任理事国缺席或投弃权票，则不视为否决。今天，中国作为最大的发展中国家和社会主义大国，在联合国安理会拥有否决权，能够更好地发挥中国在国际事务中的作用。中国一贯主持公道，致力于维护公平正义和世界和平。

联合国的建立和不断发挥积极作用，是人类文明发展进程中的重要成果。当然，我们也要充分意识到，在今天国际格局中，西方发达资本主义国家集团总体上还占有一定优势，对联合国产生着较大影响；联合国的某些机构还主要由美西方势力主导。因此，霸权主义在联合国还会有一定市场。随着广大发展中国家的不断壮大，特别是社会主义中国的力量不断加强，这种局面将会逐渐得到改变。

2. 这是大变动的世界

第二次世界大战后，世界历史发生了一些重大变化，呈现出了一些新趋势。

第一，国际共产主义运动经历了高潮与挫折，又呈现出了新发展气象。

战后初年出现了国际共产主义运动高潮，东欧的波兰、捷克斯洛伐克、罗马尼亚、保加利亚、南斯拉夫、匈牙利、民主德国、阿尔巴尼亚，在苏联帮助下成为了社会主义国家。亚洲的中国、朝鲜、越南等国取得了革命胜利，成为了社会主义国家。拉美的古巴于50年代末取得革命胜利，成为社会主义国家。一个时期内，在世界范围内形成了资本主义阵营和社会主义阵营。苏联在社会主义建设中取得了巨大成就，成为超级大国之一。然而，国际共产主义运动的发展并非一帆风顺。20世纪80年代末90年代初，东欧剧变，苏联解体，东欧社会主义国家复辟了资本主义，苏共亡党亡国，国际共产主义运动遭受了严重挫折。在这种不利的国际背景下，中国等社会主义国家则坚持了社会主义改革方向，积极探索符合本国国情的社会主义道路，并在建设实践中不断取得新成就。进入21世纪，世界社会主义逐渐走出低谷，社会主义国家稳步前行，资本主义国家的共产党人在积极探索本国如何走向社会主义道路，共同显示出世界社会主义发展新气象。

第二，殖民帝国纷纷解体，广大发展中国家兴起，世界格局发生了划时代的变化。

战后世界历史发生的一个重大变化是殖民帝国纷纷解体，广大发展中国家兴起。从 15 世纪末期起，欧洲国家开始殖民扩张，逐渐在世界范围内建立起一系列殖民帝国。这种世界格局直到第二次世界大战后才得以全面改变。第二次世界大战结束时，日本帝国终结，但西方殖民帝国尚在。战后，随着国际共产主义运动的发展，广大亚非拉殖民地半殖民地掀起前所未有的民族解放运动高潮，展开了各种形式的争取独立的斗争，从游行示威、罢工罢课、民族主义政党和团体的各种“议会”政治斗争，到武装斗争。在这场斗争中，涌现出了一批著名的民族解放运动领袖人物，如加纳的恩克鲁玛和坦桑尼亚的尼雷尔。殖民国家千方百计阻止殖民地独立，包括大规模武装镇压行动。第二次世界大战结束后的 30 年，在殖民主义、帝

恩克鲁玛

尼雷尔

国主义与民族解放运动这两大力量之间，发生了40多场大大小小、或短暂或长期的战争。较量的结局是：西方殖民帝国迅速走向解体，广大殖民地获得独立，成为新生发展中国家。从1945年到1991年，全世界有90多个国家，摆脱了殖民统治或附属国地位而获得独立，世界格局实现了划时代的转变。

战后时期，随着殖民帝国的解体，发展中国家不断增多，广大发展中国家总体上处于不断上升的趋势。为了反对外来干涉，建立公平公正的国际秩序，促进自身发展，广大发展中国家进行了艰巨的努力。引人注目的是，许多发展中国家采取了不同形式的联合行动，成立了联合组织。例如，1945年成立的阿拉伯国家联盟在战后得到不断发展，到1993年共有22个成员国。阿盟的宗旨是加强成员国之间的密切合作，维护阿拉伯国家的独立与主权，协调彼此的活动，促进阿拉伯国家的整体利益。1963年，非洲国家成立了非洲统一组织，2001年成员国达53个。非洲国家统一组织的宗旨是促进非洲国家的统一与团结，加强非洲国家之间的广泛合作，促进国际合作，保卫非洲国家的主权、领土完整与独立，从非洲根除一切形式的殖民主义。2002年，非洲国家统一组织演进为非洲联盟，加强了非洲国家之间的团结合作，进一步促进非洲的复兴。亚非一些国家兴起了伊斯兰复兴运动。这是相关发展中国家对发展道路的一种探索，也是广大发展中国家兴起的一种体现。1967年，东南亚国家成立了东南亚国家联盟，现有10个成员国。东盟的宗旨和目标是本着平等与合作精神，共同促进本地区经济增长、社会进步和文化发展，促进本地区的和平与稳定。

广大发展中国家的团结合作，促进了发展中国家的兴起。但是，不少发展中国家特别是弱小的国家，在发展进程中还面临着许多困难，科学技术相对落后，经济处于国际分工的低端，受制于发达资本主义国家。对一些发展中国家而言，这种“依附”状态进入21世纪尚未发生根本性改变。

第三，科学技术日新月异，不断改变着人类社会生产和生活面貌。

战后时期，世界科学技术的发展，可以说是日新月异，人类社会经历着快速的发展，人们的生产方式和生活方式不断发生改变，世界各国人民的生活水平总体上得到逐步提升。例如，家用电器的普及，民用交通工具如飞机、铁路（包括高铁）、家用小汽车等的普及应用，以及其他生产工具和生活用品的改进和普及应用，都改善了人们的生活，促进了社会生产的发展；医学水平的提高，医疗设备的改进，提高了人们的健康水平。世界人均寿命得到提高。20世纪50年代初，全球平均期望寿命仅46.5岁，到70年代末平均期望寿命提高至59.8岁；而在21世纪初，期望寿命已提高至65.4岁，平均期望寿命达到70岁以上的国家比例已经超过了一半，平均期望寿命达到75岁以上的国家比例已占25%。中国平均寿命也快速提高；从中华人民共和国成立前的35岁增加至2005年的73岁。2019年，中国居民人均期望寿命已超过77岁。平均寿命的提高是社会整体生产水平和生活水平提高的有力体现。

战后时期，以科学最新成就为基础，知识高度密集、对经济与社会发展起先导作用的新兴技术，包括信息技术、材料技术、能

中国高铁

源技术、生物技术、空间技术，不断出现新的突破，促进着社会生产的发展和人们生活的改善。在这些高新技术中，信息技术的发展尤其改变着人们的生活方式和生产方式。信息技术，包括计算机技术、微电子技术、通信技术、网络技术等，可以说是贯穿各行各业的技术。信息技术的不断发展，使人类文明的发展进入了一个“信息时代”。广播电视的不断发展和普及，使各种新闻的传播广泛而及时；电话、手机、电子邮件、微信等的普遍应用，使人们相互之间的交流联系更加便捷、更加密切；视频会议能使身居各地的学者们进行“面对面”的研讨，足不出户即可参加万里之外的会议；导航定位技术应用的普及，机器人、无人飞机等的逐渐广泛应用，都极大地提高着社会生产力，改进着社会生产方式，方便了人们的生活。今天，人工智能在社会生产和生活中发挥着越来越大的作用。

在这样的“信息时代”，全球各地交流日益密切，相互距离“越来越近”。以全球作为平台的各类活动不断增加。跨国性或全球性经济实体影响不断扩大，经营活动日益广泛。经济全球化日益加深，世界日趋一体化。

科技创新没有止境，人类社会不断向前发展。今天，高新科技发展水平成为衡量一个国家综合国力的主要标志，高新科技竞争能力是一个国家国际地位高低的决定性因素。世界高新科技领域的创新，竞争十分激烈。落后国家如果不努力发展科学技术，力争占领高新科技制高点，将会长期处于受制于人的依附状态。

第四，资本主义依然显示出了发展活力，在克服危机中前进。

资本主义社会是人类社会发展到一定程度的产物，是人类社会发展进程中一个特定的历史阶段，有其开始，也将有其终结。资本主义社会无法阻止经济危机的不断发生。19 世纪、20 世纪的世界历史已充分说明了这一点。进入 21 世纪，最大的经济危机或曰金融危机于 2008 年在美国暴发，迅速波及各国，影响深远，可以说余波至今未消。2020 年全球暴发流行性新冠肺炎，给世界各国造成困难，严重影响了人们的正常生产和生活，也有可能引起新一轮全球资本主义国家的经济危机。

但是，战后资本主义仍然得到较大的发展。在50年代至70年代，一些发达资本主义国家还经历了一个所谓的发展的“黄金时期”。直到21世纪的今天，资本主义还有一定的生命力，还能通过自我调节克服危机和困难，实现一定的发展。从全球整体来看，社会主义要全面取代资本主义，还需要一个相当长的历史过程。

资本主义具有两大“魔力”。一种魔力来自竞争。竞争推动着科技创新，科技创新带来社会新发展。当发展中国家不断发展壮大时，就会对发达资本主义国家形成竞争，这就会迫使发达资本主义国家加强科技创新的紧迫感，维持自己的竞争力。社会主义国家的不断强大，形成更大的竞争力，也会在一定时期内促进发达资本主义国家的科技创新。社会主义国家的科技创新成果，推动了世界科技的发展。

资本主义还有一种魔力，来自资产阶级集团维护共同利益的阶级自觉性。在资本主义社会，一般而言，一旦成为富人，就会自觉地维护富人当家作主的资产阶级国家专政机器。大大小小“各个级别”的资本家这种自觉性有利于维护社会的稳定。例如，资本主义国家大大小小掌控舆论机器的老板们，都是资产阶级国家政权自觉的宣传者和捍卫者。从整个世界来讲，这是资本主义秩序得以维护的一个重要原因。我们经常能发现西方资本主义大国重大新闻报道中的高度一致性。这种高度一致性十分突出地表现在新闻话语体系上。各国垄断资产阶级出于这种阶级的自觉性，也可能在不同程度上形成全球范围内的相互合作与协调，以应对挑战。

第五，发达资本主义大国渐显“发展疲态”，逐渐步入“相对衰落”进程。

战后世界，资本主义国家有两大类，一类是发达国家，一类是发展中国家。这两类国家是共存的。发达国家需要众多的发展中国家，一定意义上讲，发达国家的富有和先进建立在发展中国家的相对贫穷落后基础之上。然而，一系列发展中资本主义国家，包括印度、巴西等大国和韩国、新加坡、伊朗、沙特阿拉伯、阿联酋等中小国家，经历着比较快的发展，并显示出了一定的科技创新能力。2020 年，阿联酋还发射了火星探测器。社会主义国家作为发展中国家也在快速发展，特别是中国的发展取得了巨大成就，举世瞩目。众多发展中国家的兴起，就使发达资本主义国家在垄断国际市场、干涉他国内政、转移内部矛盾、保持科技优势、谋取超额利润等方面越来越困难。这样，从总趋势看，资本主义基本矛盾造成的

阿拉伯国家联盟

东南亚国家联盟

破坏，在发达资本主义国家内部将会越来越突出。从国内生产总值增长速度看，近些年来主要发达资本主义国家与一些发展中国家相比，如中国和印度，也要慢得多，一些发展中大国的排序在逐步上升。过去几十年，印度、中国等国就很突出。中国已稳居世界排名第二，而且正在快速缩小与排名第一的美国的差距。随着一些发展中国家的兴起，发达资本主义国家的科技创新优势在一些领域逐渐减弱，甚至可能完全丧失。这种演进趋势将会持续下去。

除了以上五点外，战后世界还发生了其他一些重要的变化或发展趋势。例如，战后一个时期，发达资本主义国家社会福利建设有了大的进展，有的学者称一些国家为“福利国家”，构建了“从摇篮到坟墓”的社会福利体系。地区一体化趋势在加强，出现了一些地区联盟组织，如欧洲共同体（现在是欧盟）、东南亚国家联盟；还有一些加强地区合作交流的组织，如南亚区域合作联盟、亚太经合组织、北美自由贸易区、南美洲国家联盟、非洲联盟、阿拉伯国家联盟等。在发达资本主义国家政治经济学说中，战后一个时期，强调国家干预作用的凯恩斯主义占主导地位；而20世纪七八十年代之际，新自由主义在西方国家兴起，逐渐取代了凯恩斯主义，并在国际事务中产生着巨大影响。新自由主义是国际垄断资本主义的意识形态，反映了暂时拥有竞争优势的发达国家垄断资产阶级主导全球政治经济秩序谋取超额利润的利益诉求。

3. 人类面临新的难题

当今世界，人类社会面临着一系列重大问题和挑战，主要表现在以下方面。

第一，全球范围内环境污染严重，资源短缺问题突出，存在生态危机加深的危险。

在全球工业快速发展过程中，出现了影响人们生产和生活的严重危机，如资源短缺、环境污染、生态破坏。就全球范围而言，正是长期的资本主义发展模式造成了这种危机。各国在发展进程中，对资源过度消费和索取，造成了资源需求量超过资源供应量，出现资源短缺，且日益突出。不能再生的资源如天然气、石油、煤矿、铁矿等，蕴藏量越来越少。破坏生态环境的事件不断发生；沙漠化问题在一些地区还没有得到解决。全球气候变暖问题就是对人类的一种严重警告。越来越多的人们已认识到严重的环境和生态问题。正是面临这种危机，生态社会主义思潮在发达资本主义国家兴起了，其影响近年在扩大。

第二，全球人口增长压力短期内还可能加大。

世界人口总的讲是呈增长趋势的，人口越来越多。2500 年前世界人口大约两亿；1800 年，世界人口大约 10 亿；1900 年，世界人口大约 16.5 亿；1950 年，世界人口大约 25 亿；1975 年，世界人口大约 40 亿；2000 年，世界人口大约 60 亿。到 2025 年，估计世界人口约 78 亿；2050 年，估计约 89 亿。这种人口增长趋势，给全球带来了巨大压力。

世界人口总量在快速增长，但人口增长在各国之间是不平衡的。有的国家人口出生率很低；近年一些国家人口出现了负增长；有的国家人口老龄化问题突显出来。而另一方面，有的国家特别是一些发展中国家人口增长很快，如印度、印度尼西亚、尼日利亚等。从古代起，中国就是世界人口大国。近些年来中国人口出生率明显下降，进入了人口出生率比较低的国家行列，出现了人口老龄化问题。

人是生产力中最活跃的因素，也是决定性的因素，是社会发展的根本动力。但人口的过度增长将给人类社会带来巨大压力，加剧贫困问题，激化国内社会矛盾和国际矛盾，也会给地球带来沉重负担，加剧生态危机。人口的过度增长是人类社会面临的一个重大挑战。

第三，贫富两极分化趋势在加强，国内外矛盾可能加深。

在资本主义制度下，资本向少数富人高度集中，是一种趋势。这必然导致贫富两极分化。战后时期，贫富差距拉大是一个长期的、全球的、普遍的问题。这里略举例子。美国是世界上最富有的国家之一，是发达资本主义国家的代表，但美国贫富悬殊。根据 2011 年度福布斯美国富豪榜，美国最富有的两人比尔·盖茨和沃伦·巴菲特的净资产分别是 590 亿美元和 390 亿美元。而在 2010 年，美国却有 160 万名儿童无家可归。从 1968 年到 2013 年，美国基尼系数上升了 23%，基尼系数的上升意味着贫富分化加剧。

这种两极分化不仅发生在一国之内，也发生在国与国之间。在

贫富分化在大都市的一种写照

世界范围内，在资本主义占主导地位的数百年间，总趋势是资本不断向少数强国、富国集中，形成穷国与富国的两极分化。今天，这种两极分化突出地表现为少数富裕的发达资本主义国家与许多贫穷落后的发展中国家之间的贫富差距。有学者研究揭示，“第一世界”与“第三世界”人均收入的差额之比，在 1500 年是 3∶1；到了 1850 年，相差至 5∶1；1900 年是 6∶1；1960 年是 10∶1；1970 年达到 14∶1。这一差距呈扩大之势，到 21 世纪初，更为悬殊。有资料显示，今天世界上最富有国家的人均财富是最贫穷国家人均财富的几百倍。2019 年美国共产党的新党纲指出：全球大财团导致前所未有的财富集中，不平等程度在个人层次上甚至更加令人吃惊。3个最富有的美国人拥有的财富比最穷的1.63亿人共同拥有的财富还多；26个最富有的人比世界一半人口拥有的财富还多。

这种国内的和国际的贫富两极分化，是人类社会面临的严峻挑战。它是国与国之间和国家内部阶级冲突及社会动乱的重大根源。而这种贫富两极分化正是资本主义的产物，在资本主义制度下或通过资本主义方式是无法克服的。解决好发展成果共享问题，是当今人类社会面临的严峻挑战，是对人类智慧的考验！

第四，大国之间发生军事冲突的危险依然存在。

我们知道，在人类社会发展进程中，大国之间的军事冲突是不断发生的。世界近现代，殖民列强相互之间也不断发生战争。帝国主义形成之后，人类社会发生了两次世界大战，战争规模是空前的，给世界人民带来了极大创伤。第二次世界大战后，社会主义苏联的国际地位上升，世界上也涌现出了一批新生的社会主义国家，一度形成了一个“社会主义阵营”。美国主导的西方国家集团为了遏制和孤立社会主义国家，形成了一个庞大的“资本主义阵营”。这两大集团的对峙长时间内主要表现为美苏两个超级大国之间的对峙。这种对峙意味着，资本主义大国即昔日的殖民主义帝国主义列强之间的矛盾在国际格局中降为第二层次的矛盾，它们之间在战后确实也没有发生过战争。战后时期，比较大规模的战争主要发生在发达资本主义大国与发展中国家之间，或者发展中国家之间，或某个发展中国家内部。例如，朝鲜战争（抗美援朝战争）、越南战争、伊拉克战争、阿富汗战争等，超级大国美国是入侵者。苏联解体前，美苏之间没有直接发生战争；苏联解体后，美国与唯一的社会主义大国中国也没有发生战争。这当然不表明美国不好战，而是因为强大的社会主义国家，使美国等发达资本主义国家不敢贸然发动战争。

战后没有发生“世界性的大战”，主要是因为有了强大的社会主义大国屹立在世界舞台上，过去是苏联，现在是中国。强大的社会主义国家，对资本主义大国或大国集团的侵略性具有强大的遏制力，是捍卫世界和平的中坚力量，阻止了世界性大战的发生。

21 世纪大国之间发生战争的危险是依然存在的。危险主要来自美国及其主导的军事集团北约的挑战行为和企图打破世界战略平衡的侵略行动。例如，美国及其盟友在东欧地区沿俄罗斯边疆的挑衅行为及长期的侵略扩张图谋，可能激起美国及其盟友与俄罗斯之间一定规模的战争；美国及其盟友在东亚地区突破底线的军事冒险行动，也可能导致美国与中国的军事冲突。美国及其盟友，如美国主导下的北约，不断扩军备战、企图打破世界战略平衡的行为、美国加剧太空军事化的行为，可能引发美俄或美中的军事冲突。

第五，全球犯罪问题严重。

人类社会发展到今天，可以说是“高度发达的”现代化文明社会。但是，在人类文明进步的同时，各种犯罪问题却十分严重，新型犯罪也不断出现。除了各国内部犯罪问题严重外，国际性犯罪也十分严重；国际与国内的犯罪团伙相互勾连。犯罪活动的类型是很多的，如制卖毒品、贩卖儿童、偷渡人口、强迫妇女卖淫、人体器官交易、海盗抢劫、盗卖文物、跨国贿赂、网络窃密、制卖假币、洗钱、金融诈骗等。这样的各种犯罪行为给世界各国人民的正常生活带来威胁，给不少人造成伤害，引起社会不安定。

近些年来，在各种犯罪活动中，利用计算机网络犯罪显得十分突出。例如，针对电脑或网络发动各种攻击，非法破坏他人信息；使用计算机系统盗窃他人信用卡信息；通过互联网传播淫秽物品和儿童色情等。今天，利用计算机网络从事犯罪活动，不仅在一国之内，而且在各国之间，是人类社会面临的共同挑战。

许多犯罪活动是“黑社会”直接从事的或与黑社会密切相关，如偷渡和贩卖人口，制卖毒品，胁迫妇女儿童从事色情活动。黑社会的存在对各国民众正常的生产生活构成极大威胁。从本质上讲，黑社会现象是资本主义制度的附属物，是资本主义社会的肿瘤。而从实际表象看，在实行市场经济的社会主义国家也可能出现黑社会问题。但是，社会主义制度与黑社会是不相容的，共产党人决不能容忍黑社会坐大。中国近年就开展了持续的、严厉的“扫黑”行动。

在资本主义社会中，黑社会是社会的“痼疾”，成为了“资本主义文明”不可分割的一个部分。世界上著名的黑社会组织有：美国犹太帮、意大利黑手党、日本的雅库扎、墨西哥黑帮、俄罗斯战斧、加拿大地狱天使等。

人类社会今天面临着诸多挑战。除以上讲的五个方面外，人类社会还面临着其他挑战，如核武器的扩散，疾病的流行，新法西斯主义、种族歧视、恐怖主义、分裂主义的泛起等。

应对这些挑战，解决人类面临的问题，需要世界各国各地区共同努力。世界是一个整体，人类社会也是一个整体，各国人民共同拥有一个地球，客观上生活在一个共同体中。为了人类的共同命运，把这个“共同体”建设好，是世界各国应有的责任。

4. 中国在探索和实践共同繁荣

共同繁荣是人类社会的美好期待。在人类社会几千年文明史上，国与国之间尚未能实现共同繁荣；在私有制占主体地位的社会是无法实现共同繁荣的。环顾今天的世界，国与国之间依然存在着巨大发展鸿沟，一国内部也往往存在着巨大贫富差距；社会两极分化是资本主义制度的伴生物。

中国特色社会主义进入新时代，在以习近平同志为核心的中共中央坚强领导下，中国亿万人民正在努力探索和实践共同繁荣。新时代就是逐步实现全体人民共同富裕的时代。在新时代，人民日益增长的美好生活需要和不平衡不充分的发展之间的矛盾成为中国社会的主要矛盾。解决好这个主要矛盾，关键是要在努力实现充分发展的同时，下更大功夫解决好发展不平衡问题，既要解决好地区之间发展不平衡问题，也要解决好不同社会群体之间发展不平衡问题，努力推进全体人民共享社会经济繁荣发展的成果。

在新时代，中国在解决贫困问题方面做出了艰巨的努力，取得了举世瞩目的成绩。中国共产党第十八次全国代表大会以来，中国平均每年 1000 多万人脱贫。2021 年 7 月 1 日，习近平总书记在庆祝中国共产党成立 100 周年大会上发表重要讲话，代表党和人民庄严宣告，我们实现了第一个百年奋斗目标，在中华大地上全面建成了小康社会，历史性地解决了绝对贫困问题。中国的努力和成就为世界减少贫困人口做出了巨大贡献，也为他国解决社会贫困问题、减少贫困人口提供了宝贵经验。全面建成小康社会彰显了社会主义制度的优越性，是中华民族伟大复兴进程中里程碑式的成就。

2020 年 10 月，中国共产党第十九届中央委员会第五次全体会议明确提出了实现全体人民共同富裕的远景目标。从人类社会发展历史长河看，全体人民的共同富裕，只有在社会主义制度下才有可能真正实现。今天，在中国共产党的坚强领导下，中国亿万人民正在为促进社会发展实现共同富裕而努力奋斗。习近平总书记谆谆告诫全党同志："始终牢记江山就是人民、人民就是江山，坚持一切为了人民、一切依靠人民，坚持为人民执政、靠人民执政，坚持发展为了人民、发展依靠人民、发展成果由人民共享，坚定不移走全体人民共同富裕道路。"实践好习近平新时代中国特色社会主义思想，是中国共产党执政兴国的保证，是成功打破历史兴亡周期率的保证。

当今的中国正在经历着人类历史上最为宏大而独特的实践创新，坚持中国特色社会主义道路，扎实稳健地向社会主义现代化强国迈进。中国实现现代化的道路不同于、也不可能同于发达资本主义大国实现现代化所走过的路；中国坚持和平发展，自力更生、艰苦奋斗，努力实现社会主义现代化。中国实现现代化的过程，也就是构建人类文明新形态的过程。中国构建人类文明新形态的成功，将极大地推动整个世界文明的进步。

中国共产党不仅仅在努力实践中国全体人民共享繁荣的伟大构

想，而且也在积极推进世界各国共同繁荣。历史表明：霸权主义和强权政治盛行，就不可能实现各国共同繁荣。霸权主义和强权政治是把自身繁荣建立在牺牲别国利益的基础之上的。当今中国坚持反对霸权主义和强权政治，反对单边主义，反对任何倚仗军事集团构建全球霸权体系的企图，推动历史车轮向着光明的目标前进。

中国努力维护世界和平，努力发展和维护与各国的友好关系。中国共产党关注人类前途命运，努力同世界上一切进步力量携手前进，是世界和平的建设者、全球发展的贡献者、国际秩序的维护者。日益强大的社会主义中国是世界和平发展和共同繁荣的重要保障。

在国际外交事务中，中国坚持公平公正原则，主持公道；与一切爱好和平的国家和人民一道，弘扬和平、发展、公平、正义、民主、自由的全人类共同价值。

在经济活动中，中国坚持合作互利共赢，做大合作蛋糕，实现共同繁荣，为中国人民和世界人民谋福祉。积极推动“一带一路”倡议的实施，正是中国推进共同繁荣的重要实践。实施“一带一路”国际合作倡议，就是要同有关各方一道，建设互联互通国际合作新平台，增添共同发展的新动力，完善全球发展模式和全球治理，推进经济全球化健康发展，促进全球共同发展繁荣。

中国积极推进人类命运共同体的建设，共同应对人类社会面临的问题和挑战。中国主张安全是发展的前提，人类是不可分割的安全共同体。生态文明是人类文明的发展趋势。在新时代，中国高度重视生态文明建设，积极与世界各国携手共建地球生命共同体。中国在自己实现快速发展的同时，努力推进人类命运共同体的建设，推进不同文明之间的交流互鉴、合作共赢。

正如过去苏联的存在促进了广大殖民地半殖民地的民族解放运动的胜利，促进了新生的发展中国家的发展一样，中国的不断发展壮大，也带动着广大发展中国家的发展。中国的不断强大将会逐渐减弱发达资本主义国家或国家集团对发展中国家的掠夺和控制，给发展中国家带来新的发展机遇；中国的不断强大也吸引了发达资本主义国家或国家集团的注意力，它们为了遏制中国而分不出更多精力阻挠其他发展中国家的发展，甚至利用一些发展中国家共同阻挠中国的发展，这种情势就可能给相关发展中国家创造更多发展机会。中国与广大发展中国家的共同发展壮大将会逐渐摆脱美国主导的发达资本主义大国集团对国际秩序的主宰。"中国道路"的影响力在国际上正在日益扩大。随着中国特色社会主义的不断发展，社会主义力量将会在世界范围内不断增强，将有力推动世界各国走向共同繁荣。

5. 世界将步入光明的未来

第一，社会主义取代资本主义是人类社会的前进方向。

资本主义社会是一个私有制占主体地位的社会，从制度本质上讲是一个人剥削人的社会。资本主义无法克服自身的基本矛盾，即生产社会化与生产资料私有制之间的矛盾。资本主义基本矛盾的存在和深化必然不断地给人类社会带来各种问题和危机。

当今人类社会面临的一系列问题，如经济危机问题、贫富两极分化问题、全球环境污染和生态危机问题、战争威胁问题、全球犯罪问题、核扩散问题，在资本主义占主导地位的历史条件下是无法克服的。发达资本主义大国恃强凌弱行为，利用已有的各种优势，掠夺广大发展中国家，甚至发动侵略战争，也是无法避免的。只有在社会主义在国际格局中占主导地们的条件下，这些问题才能逐步得到解决。

科学技术的不断发展也在为资本主义的灭亡创造着物质条件。人类社会前进的方向是共产主义社会。共产主义社会是一个物质财富极为丰富的社会，能够充分满足人们需要的社会。科学技术越发展，人们创造的物质财富越丰富，人类社会离共产主义社会就越近。

在资本主义社会向共产主义社会演进的过程中，有一个比较长的过渡阶段。这个过渡阶段，就某一个国家而言，实际上就是社会主义社会时期。1917 年十月革命的胜利，宣告了人类社会进入了从资本主义向社会主义演进的大时代。这个演进的过程是长期的、复杂的，其间可能发生曲折，但世界历史演进的大方向不会改变。人类社会不会停止追求公平、正义、平等、和平的步伐。

第二，历史实践已经证明社会主义具有超越资本主义的优越性。

在资本主义世界经济关系中，发达资本主义国家处于国际分工的高端，不断获取高额利润；而广大发展中国家总体上讲处于国际分工的低端，处于受剥削的地位。这种相互间关系状态在资本主义制度下是难以打破的，发达资本主义国家利用已有的经济、政治、军事、文化等各方面优势，极力维持这种不平等关系。只有建立新的社会主义制度，一个国家才有可能摆脱这种不平等关系。社会主义国家坚持马克思主义指导地位；具有强大的公有制经济；实行人民当家作主的制度；由代表广大人民根本利益的政党共产党执政。这样的制度优越性是资本主义制度所无法比拟的。

世界第一位宇航员：苏联人加加林

俄国曾经是殖民列强之一，但在资本主义强国之中，俄国排名是比较靠后的。十月革命胜利后，社会主义的苏联在20年代30年代，依靠自己的力量，短短一二十年间就成为了欧洲乃至世界工业强国。苏联的这种发展劲头在第二次世界大战后一个时期内进一步展现出来了。苏联在一些科学技术领域走在世界前列。例如，在50年代，苏联成功发射世界第一颗人造卫星，将世界第一位宇航员送入太空。

社会主义的苏联宣告了人类社会“航天时代”的到来。正是社会主义制度使苏联成为实力可与美国抗衡的超级大国。苏联社会主义建设实践的成功已经证明了社会主义制度的优越性。后来，苏联在发展中出现了问题，甚至发生了苏共亡党亡国的惨痛教训。这不能归因于社会主义制度本身，而应归因于后来苏共高层没有正确地解决好制度中出现的问题，归因于苏共高层的严重错误甚至背叛行为；戈尔巴乔夫时期的苏共公然抛弃马克思主义指导，背弃社会主义道路。正是后来苏共高层的错误和背叛行为导致了苏共亡党亡国。

中国也是在社会主义制度下快速发展起来的。一个多世纪前，中国曾被西方人视为“东亚病夫”。中华人民共和国成立前，中国长期饱受战乱之苦，民不聊生，一穷二白。中华人民共和国成立后，在社会主义制度下，国家建设日新月异，在现代化道路上快速前进。70多年的社会主义建设实践，已经使中国成为了世界第二大经济体，使中国成为了对世界经济发展贡献率最高的国家。中国特色社会主义进入新时代，中国强劲地展示出了在高新科技领域赶超发达资本主义国家先进水平的能力。中国的发展已经证明并将进一步证明社会主义制度的优越性。

第三，新时代取得的高新科技成果揭示出中国将在未来科技领域领跑世界。

自从 17 世纪初年欧洲人伽利略利用天文望远镜观测宇宙空间以来，四个多世纪，中国第一次成为世界上看得最远的国家。“中国天眼”是目前全球最大的 500 米口径球面射电望远镜（简称 FAST）。它采用了中国科学家独创设计和中国贵州南部喀斯特洼地的独特地形条件，建造了一个约 30 个足球场大小的高灵敏度巨型射电望远镜。与世界上最大单口径射电望远镜——美国阿雷西博 305 米口径望远镜相比，其综合性能提高约 10 倍。

中国成功发射“墨子号”卫星，在量子通信领域走到了世界前列。量子通信原理上可以提供一种不能破解、不能窃听的安全信息

中国天眼：当今世界看得最远的天文望远镜

传输方式。

北斗系统的完成，标志中国在全球导航定位技术上已与美俄并驾齐驱。北斗系统是中国自主建设的卫星导航定位系统；美国拥有全球卫星导航定位系统（GPS）；俄罗斯拥有格洛纳斯卫星导航定位系统（GLONASS）。

在超级计算机领域，近年中国取得巨大进步。超级计算机属于战略高技术领域，是一个国家科技实力的重要标志之一。之前长期受制于人，美国更是在2015年宣布对中国禁售高性能处理器，但现在中国已经后来居上。在2017年超级计算机500强榜单中，中国超级计算机“神威太湖之光”和“天河二号”连续第四次分列冠亚军。“神威太湖之光”以每秒12.5亿亿次的峰值计算能力排名世界第一，是美国最好的超算泰坦的五倍。中国超级计算机的核心部件已经可以完全国产。

北斗卫星导航系统

中国的超级计算机“神威太湖之光”

中国量子计算机实现算力全球领先。2020年12月，中国科学家宣布构建了76个光子的量子计算原型机“九章”，求解数学算法高斯玻色取样只需200秒。这一突破使中国成为全球第二个实现“量子优越性”的国家。

载人潜水器“蛟龙”号是中国自主研制的作业型深海载人潜水器，设计最大下潜深度为7000米级，是目前世界上下潜最深的作业型载人潜水器。2020年11月，中国“奋斗者”号在马里亚纳海沟成功坐底，创造了10909米的中国载人深潜新纪录。

中国在高铁建设上处于世界领先地位。2020年，中国高铁已达约3.8万千米营业里程，远远高于世界其他国家。高铁在中国的不

嫦娥四号

断普及，提高了中国人民的生活质量和生产潜力，促进了中国社会的整体发展。

中国已将探测器嫦娥四号发射到月球背面，成为第一个将探测器发射到月球背面的国家。2020年11—12月间，中国成功发射嫦娥五号，探测器成功登陆月球，并取得月球土壤，成功返回地球。

2020年7月，中国成功发射火星探测器天问一号。探测器在地火转移轨道飞行约7个月后到达火星，并于2021年5月成功着陆。天问一号的成功发射，迈出了中国自主开展行星探测的第一步。

2021年，中国自己建成空间站；2021年6月，中国三位航天员进入天宫空间站工作。

以上只是简单地列举了中国近年部分高新科技成果。在世界高科技领域，中国将会不断取得新突破。无疑，中国将会成为强大的科技创新国家。可以期待，在中国特色社会主义制度下，在不久的

中国火星车

将来，中国会成为全球科技创新的主要领跑者。

科学技术是人类文明的重大组成部分，是社会发展的重大推动力量。今天，高新科技的发展创新能力是一个国家国力和国际地位的重大标志。高新科技的不断创新将大力推动中国经济社会的发展，推进中国社会主义现代化。在人类文明新形态建设中，中国已经、正在并将不断地做出卓越贡献。进入新时代，中国特色社会主义保持着快速发展的步伐。在中国共产党的坚强领导下，中华民族的伟大复兴势不可当，中国的国力将不断增强，全球影响力将不断扩大。中国的不断强大将充分展示社会主义制度的优越性，增强社会主义制度在全球的吸引力和感召力。历史没有终结，文明仍在进步。随着人类文明新形态的不断发展壮大，人类社会整体上将逐步从资本主义迈向社会主义，进而向未来的“每个人的自由发展是一切人的自由发展的条件”的共产主义美好社会前进！

这些书对你有用

艾周昌主编:《非洲黑人文明》,中国社会科学出版社 1999 年版。

白寿彝总主编:《中国通史》(第二版),上海人民出版社、江西教育出版社 2013 年版。

崔连仲等主编:《世界通史》(修订版),(6 卷本),人民出版社 2017 年版。

当代中国研究所:《新中国 70 年》,当代中国出版社 2019 年版。

丁建弘:《德国通史》,上海社会科学院出版社 2012 年版。

《国际共产主义运动史》编写组:《国际共产主义运动史》(第二版),人民出版社、高等教育出版社 2020 年版。

哈全安:《土耳其通史》,上海社会科学院出版社 2014 年版。

郝名玮、徐世澄:《拉丁美洲文明》,中国社会科学出版社 1999 年版。

蒋孟引主编:《英国史》,中国社会科学出版社 1988 年版。

金冲及:《二十世纪中国史纲》,社会科学文献出版社 2009

年版。

柯春桥主编:《世界军事简史》，解放军出版社 2015 年版。

李植枬:《整体世界历史初探》，武汉大学出版社 2009 年版。

李植枬主编:《宏观世界史》，武汉大学出版社 1999 年版。

联合国教科文组织编写:《非洲通史》，中国对外翻译出版有限公司 2013 年版。

《廖学盛文集》，上海辞书出版社 2005 年版。

刘家和、廖学盛主编:《世界古代文明史研究导论》，高等教育出版社 2001 年版。

马克垚主编:《世界文明史》(第二版)，北京大学出版社 2016 年版。

孟钟捷:《德国简史》，北京大学出版社 2012 年版。

齐世荣、廖学盛主编:《20 世纪的历史巨变》，学习出版社 2005 版。

齐世荣总主编:《世界史》(4 卷本)，高等教育出版社 2006 年版。

沈汉:《资本主义史》，人民出版社 2015 年版。

吴于廑、齐世荣主编:《世界史》(6 卷本)，高等教育出版社 2011 年版。

《吴于廑学术论著自选集》，首都师范大学出版社 1995 年版。

武寅主编，郭小凌、侯建新、刘北城、于沛等著:《简明世界历史读本》，中国社会科学出版社 2014 年版。

萧国亮、隋福民编著:《世界经济史》，北京大学出版社 2007 年版。

许明龙主编:《中西文化交流先驱》，东方出版社 1993 年版。

《学思录：朱寰学术论文集》，中央广播电视大学出版社 2008 年版。

姚介厚、李鹏程、杨深：《西欧文明》，中国社会科学出版社 2002 年版。

叶渭渠主编：《日本文明》，中国社会科学出版社 1999 年版。

于沛、戴桂菊、李锐：《斯拉夫文明》，中国社会科学出版社 2001 年版。

张海鹏主编：《中国近代通史》，江苏人民出版社 2007 年版。

张密生主编：《科学技术史》，武汉大学出版社 2015 年版。

张顺洪、甄小东：《社会形态的演进》，中国社会科学出版社 2022 年版。

张芝联、刘学荣主编：《世界历史地图集》，中国地图出版社 2002 年版。

中共中央党史研究室：《中国共产党历史》，中共党史出版社 2011 年版。

中国社会科学院历史研究所《简明中国历史读本》编写组编写：《简明中国历史读本》，中国社会科学出版社 2012 年版。

朱贵生、王振德、张椿年等：《第二次世界大战史》，人民出版社 2008 年版。

[澳] 米尔顿·奥斯本：《东南亚史》，郭继光译，商务印书馆 2012 年版。

[德] 赫尔曼、迪德玛尔·罗特蒙特：《印度史》，王立新、周红江译，中国青年出版社 2013 年版。

［俄］A. A. 丹尼洛夫、A. 菲利波夫主编：《俄罗斯历史（1900—1945）》，吴恩远等译，张树华、张达楠校，中国社会科学出版社 2014 年版。

［法］皮埃尔·米盖尔：《法国史》，桂裕芳、郭华榕译，中国社会科学出版社 2010 年版。

［美］芭芭拉·A. 萨默维尔：《阿兹特克帝国》，郝名玮译，商务印书馆 2015 年版。

［美］芭芭拉·A. 萨默维尔：《印卡帝国》，郝名玮译，商务印书馆 2015 年版。

［美］弗兰克·萨克雷、约翰·芬德林主编：《世界大历史》，闫传海译，新世界出版社 2014 年版。

［美］古尔·鲁巴尔卡巴：《玛雅诸帝国》，郝名玮译，商务印书馆 2015 年版。

［美］斯塔夫里亚诺斯：《全球分裂》，迟越、王红生等译，商务印书馆 1993 年版。

［美］威廉·麦克尼尔：《世界史》，施诚、赵婧译，中信出版社 2013 年版。

［美］小阿瑟·格尔德施密特、劳伦斯·戴维森：《中东史》，哈全安、刘志华译，东方出版中心 2015 年版。

［美］约翰·C. 舒佩尔、布莱恩·K. 特里：《世界历史上的宗教》，李腾译，商务印书馆 2015 年版。

［美］约翰·朱利叶斯·诺维奇：《地中海史》，殷亚平等译，东方出版中心 2011 年版。

［美］詹森·汤普森：《埃及史：从原初时代至当下》，郭子林译，商务印书馆2012年版。

［秘鲁］印卡·加西拉索·德拉维加：《印卡王室述评》，白凤森、杨衍永译，商务印书馆1993年版。

［英］W. C. 丹皮尔：《科学史》，李珩译，中国人民大学出版社2015年版。

［英］雷蒙德·卡尔：《西班牙史》，潘诚译，东方出版中心2009年版。

［英］罗伯特·拜德勒克斯、伊恩·杰弗里斯：《东欧史》，韩炯等译，庞卓恒校，东方出版中心2013年版。

［英］尼尔·福克纳：《世界简史——从人类起源到21世纪》，张勇译，新华出版社2014年版。

［英］约翰·德斯蒙德·贝尔纳：《历史上的科学》，伍况甫、彭家礼译，科学出版社2015年版。

后记

本书是中国历史研究院重大学术项目和学术出版项目的成果。中国社会科学院副院长、党组副书记（正部长级），中国历史研究院院长、党委书记高翔同志，高度关注项目研究和书稿修改，多次作出指示、给予深刻指导，提出宝贵意见，并在百忙之中抽出宝贵时间为本书撰写总序，我们对此致以最诚挚的谢意！

中国历史研究院对项目研究和成果出版给予高度重视，副院长李国强亲自审读书稿，对文字进行修改润色，大大提高了本书的通俗性和可读性；党委副书记余新华，副院长万建武、路育松、孙宏年，历史理论研究所党委书记杨艳秋，都对书稿修改完善提出了宝贵建议；成果评价处副处长何馨以及许文负责本书出版联络工作，付出了很多时间和精力。在此，我们致以衷心感谢！

我们能顺利完成书稿，得益于学界已有的研究成果，部分参考文献已列出。中国历史研究院世界历史研究所于沛研究员、汪朝光研究员，古代史研究所卜宪群研究员，北京师范大学郭小凌教授，对本书内容提出了宝贵修改完善意见。在此，我们对学界前辈和同仁们表示衷心感谢！

中国社会科学出版社社长赵剑英高度重视本书出版工作，组成专班，全力推进，亲自协调，副总编辑王茵亲自担任本书责编，经验丰富的刘志兵、安芳等同志担任本书具体编辑工作。正是在中国社会科学出版社各位同仁的大力保障下，本书得以顺利出版，我们对各位的辛勤付出和大力支持致以诚挚感谢！

本书前言由张顺洪执笔，第1—5章由郭子林执笔，第6—11章由张顺洪、甄小东共同执笔。限于我们的学识，本书难免有错误和不妥之处，敬请学界同行和广大读者批评指正，以便在今后修订再版过程中完善。

本书撰稿人

2022年8月